学会誌『公共選択』第69号　目次

巻頭言
特集企画意図及び本号の構成……………………………………………3
　　　　　　　　　　　　　　　　　　　　　　　林　　正義

論文
社会権の公共選択的基礎づけ……………………………………………5
　　　　　　　　　　　　　　　　　　　　　　　伊藤　　泰

特集　子ども施策の公共選択
保育サービス供給と財政，待機児童解消への取り組み……………24
　　　　　　　　　　　　　　　　　　　　　　　和泉　徹彦

公立保育所民営化政策形成過程における政策学習
　－東京都国立市を事例として－……………………………………40
　　　　　　　　　　　　　　　　　　　　　　　秋吉　貴雄

子ども施策の供給主体に関する検討とコミュニティの意義…………60
　　　　　　　　　　　　　　　　　　　　　　　矢口　和宏

フランスの保育サービスと認定保育ママ
　－日本への示唆－……………………………………………………76
　　　　　　　　　　　　　　　　　　　　　　　千田　　航

書評
寺島実郎著『シルバー・デモクラシー－戦後世代の覚悟と責任－』………93
　　　　　　　　　　　　　　　　　　　　　　　川崎　一泰

田村哲樹著『熟議民主主義の困難－その乗り越え方の政治理論的考察－』…97
　　　　　　　　　　　　　　　　　　　　　　　谷口　尚子

報告
公共選択学会第97回研究会………………………………………………100

英文要旨……………………………………………………………………101

巻頭言

特集企画意図及び本号の構成

林　正義
（東京大学経済学部）

※本論文は編集委員会の依頼による執筆である。2017年10月29日受理。

　ここ数年，さまざまな場所で，子育てにかかる政策課題がクローズアップされている。例えば，流行語大賞にも入選した「保育園落ちた日本○ね」に始まったアノ騒動は記憶に新しい。これは自身の子どもを保育所に入れることができなかった母親がブログに投稿したフレーズであるが，ネットでの同投稿の広がりに目をつけた国会議員が，時の政権を非難するために国会で採り上げたことを契機に，一斉に既存マスコミも採り上げる事案となった。

　しかし，保育サービスの供給が自治体の自治事務であること，また，待機児童問題には大きな地域差が存在していることを理解していれば，「日本○ね」とはならず，例えば「東京○ね」とか「横浜○ね」となったはずである。実際，地域で保育所が必要とされているのならば，他の財源を削ったり，地方税を増税したりして，地方の責任で財源を用意すれば済む問題である。また財源が豊かな自治体ならば，地域のニーズに応じて保育所を容易に増設することも可能であろう。

　もちろん，国レベルで増税が難しいように，自治体内の政治が地方増税を困難にしていることは想像に難くない。また保育所の増設が決まっても，一部の報道にあるように，近隣住民が様々な理屈をつけて反対し，時には計画が頓挫することもあるであろう。つまり，保育所増設のための増税の困難さや一旦決定された保育所設置に対する反対運動のような問題は，結局，地方政治(＝地域内の公共選択)の問題に他ならない。

　そこで，本号の特集テーマを「子ども施策の公共選択」とした。当初は上記の発想で，「保育所」に限定した狭いテーマを考えていたが，保育所問題を考える際には，それに限定されない広い視角が必要になる。この点を鑑み，「子ども施策」とより広いテーマを設定し，各分野をご専門される先生方にお願いして，つぎの4つの論文をご寄稿頂いた。

　初めの2つの論文は保育所にかかる問題を扱っている。まず和泉論文(「保

育サービス供給と財政,待機児童解消への取り組み」)では,地方や国による保育サービスにかかる施策展開を,財政構造,保育料設定,そして働き方改革との関連で俯瞰的に捉える視座を提供している。つぎの秋吉論文(「公立保育所民営化政策形成過程における政策学習」)では,公立保育所制度の特性と改革の経緯について概観し,民営化政策の特性について考察している。そして,国立市を事例として,公立保育所の民営化政策の形成過程で自治体がどのように政策学習をし,それが実際の政策選択にどのような影響を及ぼしたかを考察している。

続く2つの論文では,より広い視点をもって保育サービスのあり方を考えている。矢口論文(「子ども施策の供給主体に関する検討とコミュニティの意義」)では,子ども施策によって提供されるサービスを準公共財として捉え,その供給主体のあり方について議論を展開している。特にここでは,インフォーマル部門におけるコミュニティに注目して,子育て環境としての「農村型コミュニティ」の潜在的な可能性について考察している。最後の千田論文(「フランスの保育サービスと認定保育ママ」)は,フランスにおける保育サービスの実態を認定保育ママに焦点を当てながら紹介する。更に同論文では,認定保育ママへの支援が展開される過程を描きながら,フランスにおける保育サービスの現状と課題,そして,そこから得られる日本への示唆について議論されている。

以上の特集論文の他に,本号では1本の査読論文を掲載している。今回のように本誌では,『公共選択』と誌名が変更になった第58号から数えると,第65号を例外とし,毎号とも査読論文が1本だけという状態が継続している。本来,学会誌は査読論文を中心に編集されるべきであり,依頼論文数が査読論文数より多いという現状は避けられるべきものであろう。これは,日本の経済学系学会誌一般に共通する様々な要因(海外学術誌に対する国内学術誌の位置づけ,国内査読誌に掲載された邦語論文の評価,いわゆる紀要論文の採用や昇進における位置づけ,学術誌への投稿にかかる中堅以上の研究者の姿勢,大学院生への指導・教育のあり方など)が絡む構造的な問題だけに,一朝一夕に解決することは難しいであろう。それでも,何らかの方法で早急に対処する必要のある重要な課題であることは変わりない。

論文

社会権の公共選択的基礎づけ

伊藤　泰
（北海道教育大学准教授）

※本論文は査読委員会規程に基づく審査を経たものである。2017年7月3日申し込み受理，2017年10月2日最終稿受理。

1．はじめに

　権利に関する議論は，経済学の領域においてもしばしば行われている。それは道徳的なものとしての権利についてだけでなく，法的な権利についても言えるだろう。しかし法的な権利のなかでもとくに憲法上の権利に関しては，それがどのような性格をもつのか，あるいはどのような条件の下で生まれるのか，といったことが経済学の領域において論じられることは，デニス・ミュラーの権利論等の例外を除けばほとんどない。

　ミュラーの議論の特徴は，ブキャナンとタロックの相互依存費用に基づく投票ルール論に接続させる形で，憲法上の権利について論じたことである。すなわち，ミュラーによれば，相互依存費用が最小となるのが全員一致ルールであるような場合に，意思決定費用を削減する目的で，憲法上の権利は設定される。

　このようなミュラーの理論に基づいて，いわゆる自由権などは説明可能である。たとえば信教の自由などは，彼の枠組みのもとでよく理解することができる。しかし，憲法上の権利のなかには，このようなモデルによっては説明できないものもある。たとえば社会権はそのひとつである。

　そうだとすれば，社会権については経済学，とくに公共選択論の枠組みのもとでどのように説明することができるだろうか。本稿ではこのことについて，社会権のうち主に生存権に焦点を当てて，考えてみたいと思う。

2．ミュラーの論理とその限界

　はじめに，憲法上の権利が作られるメカニズムに関するミュラーの議論から見ていくことにしよう。彼は憲法上の権利を，「他の人々あるいは制度からの介入または強制を受けることなしに，特定の行為を行い，あるいはその

ような行為を行うのを差し控えることができる，ある個人の無制限の自由」(Mueller (1991) 318 ; Mueller (1996) 212) と定義したうえで，このようなものとしての権利が憲法に規定されるためには，以下の4つの条件が満たされる必要があると論じる[1]。

(1) 負の外部性

ある者Aの行為が負の外部性を生むのでなければ，他の者Bはこの行為をやめさせようとする動機づけを持たず，それゆえBらの介入からAの行為を保護するものとしての権利は必要ない。

(2) 意思決定費用

意思決定費用がゼロなら憲法上の権利は必要ない。なぜならその場合，相互依存費用が最小のルールは全員一致ルールになるが，このときAは自らの行為の自由を守るために権利に訴える必要はなく，単に継続的に開かれる会議で拒否権を行使すればよいからである。要するに憲法上の権利は，意思決定費用がゼロでない状況において，全員一致ルールのもとで各人に与えられる拒否権と同じ機能を果たす。

(3) 規制立法による利得に比べて非常に大きな損失

Aの行為を規制する立法によりBらが得られる利得が微々たるものであるのに対して，この規制立法によりAが被る損害が非常に大きなものであるとき，その行為を規制する立法の投票ルールは全員一致ルールとなり，したがってその行為を保護する権利が設定される。

(4) 立憲段階における不確実性

立憲段階の人々が自身や子孫が当の行為を行うか確実には知らないというのでなければ，権利は設けられない。なぜなら，立法の際にたとえば単純多数決が用いられたならつねに自分が勝つことを知っている者は，投票ルールの選択にあたって単純多数以上の賛同を求めるルールを選ぶ必要はないからである。

このような憲法上の権利は，法哲学者ホーフェルドの有名な権利の分類[2]に

従えば，他の者らが立法を通じて課してくる義務からの免除権，それも現状においては権利義務関係の存在しない行為の自由に対するそれ，として特徴づけることができよう。たとえば一般に自由権として分類される憲法上の権利の多くは，このようなものとして理解することができる。

しかし，憲法上の権利一般に関する理論の提示というミュラーの意図にもかかわらず，この議論は必ずしも憲法上の権利すべてに妥当するわけではない。たとえば選挙権とは，ある者Aによる投票行為が伴う負の外部性を嫌った他の者Bがその行為を規制するため立法府で規制立法(Aの選挙権剥奪立法)を企てるという状況において，そのような規制法案をその都度否決することに代わるより安価な手段などであるだろうか。また，社会権と呼ばれる一連の権利も，やはりミュラーの枠組みの下では説明できない。というのも，彼の論じるところの憲法上の権利が立法府による介入からの免除を特徴とするものであるのに対して，社会権はむしろかような積極的な介入を立法府や行政府に対して求めることをその重要な意味として含んでいるからである[3]。

3．社会権に関して説明されるべき3つの側面

それでは，社会権の導出はどのように説明されるのだろう。このことを考えるにあたっては，まずこの権利の3つの側面を区別する必要がある。

社会権に関して説明されるべき第1の側面は，他の憲法上の権利の制限である。一般に憲法上の権利は他の憲法上の権利と衝突することが多いけれども，特に社会権は，その性格上他の憲法上の権利との衝突という特徴を色濃くもっている。たとえば，ある者による生存権の主張は，他の者の財産権と正面からぶつかる。憲法学者の戸波江二は，生存権の保障を単純に国家による給付と捉えることを批判し，この権利が社会保険や税金を通じて給付のための資金を拠出する市民から受給者たる市民への再分配を特徴とするものであることを正当にも指摘している[4]が，この場合生存権の主張者による再分配の要求は拠出者の側での財産権の制約を伴う。また，労働基本権についても，労働者側でのこの権利の主張は，雇用者側の契約自由の原則の主張と衝突する。かくして，社会権の導出について論じる場合，財産権などの憲法上の権利が，いかなる理由で，またどの程度，制限されるのかを説明する必要がある。

検討すべき社会権の第2の側面は，この権利の自由権的側面である。憲法の社会権条項に規定された理念の実現にとって障害となる行為，たとえば健

康で文化的な最低限度の生活を市民が送るのを妨げる内容の法律や行政処分，さらに私人による契約等の行為がなされるとき，これらの行為を抑制することをこの権利は要請する。「生存権の実現は，これを阻害してはならぬことは当然のことであり，国が生存権の実現に努力すべき責務に違反して生存権の実現に障害となるような行為をなすときは，その立法も，また無効となり，その処分も違法である」(中村(1983) 6頁) というのである。かくして，社会権の導出について論じようとするならば，この権利がもつこのような自由権的な側面についても説明がなされる必要がある。

最後に社会権に関する第3の側面は，この権利の請求権的側面である。これは，社会権の理念を実現するための各種の積極的な措置を国に対して求めるというものであり，社会権に関してこれまでわが国で最も議論の対象となってきた側面である。かりにそのような措置を国が怠ってきたという場合，たとえば生存権に関してかつて主張されたような「憲法25条1項は国に対して政治的・道義的義務を課しているに過ぎず，国は生存権実現のための法的責務を負っていない」とする立場(プログラム規定説)に立つのでない限り，その救済を裁判所に求めることも考えられる。その場合，憲法の社会権条項を具体化する法律の存在を前提に人々が行政処分の違法・違憲性を裁判において争うケースだけでなく，そのような法律の内容における不十分さを憲法違反であるとする訴え，さらにはそもそもそのような具体化立法がなされていないことを憲法違反であるとして争うケースについても，検討を行う必要があるだろう。

4. 他の憲法上の権利の制限

社会権と衝突する他の憲法上の権利は，いかなる理由で，どの程度制限を受けるのか。ある者の生存権の主張により他の者の財産権が制約を受けるというケースを例に，この問題について考えてみよう。

一般に財産権は自由権として分類され，ミュラーの論理によりその導出を説明できる。すなわち，財産を保護する憲法上の権利が存在しない状況において，なお人々が「自分のもの」に対して感じる規範的意識を前提に，それらのものに侵害を加える法案が提出される度に拒否権を行使するのに代わる，より安価な手段としての憲法上の財産権という理解には，尤もな部分があるだろう(ただし，Aの財産に介入する立法を企てる他の者Bの動機については，

Aの財産がBに対してもつ負の外部性(たとえば妬み?)によって説明するのは困難であるだろう。むしろAの財産がBにとってもつ魅力のゆえに、Bは立法を通じてAの財産を奪おうとする、とするほうが現実的である)。

しかしながら、諸々の財産について広く憲法上の権利を保障しつつも、特定目的での立法に対してはこの権利は道を譲るといった現象を、ミュラーのオリジナルの論理では説明することができない。というのもこの論理は、全員一致ルールのもとで相互依存費用が最小となるのであれば憲法上の権利が設けられ、そうでないならそのような権利は設けられないというように、憲法上の権利を作るか否かしか語ることができないからである[5]。

そこで次のように考えてみよう。一部の人々(集団X)が他の人々(集団Y)の財産に侵害を加える法案を議会に提出するという状況を、立憲段階における人々が予測する。その際彼らは、将来自ら(あるいは自らの子孫)が集団Xに属する確率をq、また集団Yに属する確率を$1-q$と想定するものとしよう(単純化のため、社会のすべての人々はこれらの集団のいずれかに属するものとする。図1上参照)。もっとも、自らの多様な財産のうちいかなるものに対してどのような形での侵害法案が提出されるか分からないのだとすれば、彼らが想定するqの値はさほど違わないものと想像される。そして、財産を侵害されることによる損失が非常に大きいのだとすれば、これらの立法に関して望ましい投票ルールは彼らすべてにとって全員一致ルールとなるかもしれない。

他方で、かかる侵害立法のなかには、社会的・経済的弱者の救済のために多くの市民に再分配の原資の拠出を求めるものもあり得る。そして、このような特殊なケースに限定した場合、財産侵害立法(再分配立法)を推進する側に立つか否かの見通しは、人々の間でかなりの程度異なるかもしれない。これまでの経験等をもとに将来困窮状態に置かれ再分配を求める側に立つ確率(これをq_sとする。図1下

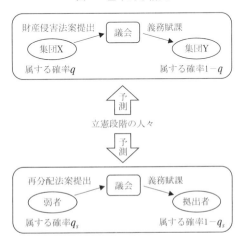

図1 基本的な構図

参照)は高いと考える者もいれば，その確率は低いと考える者もいるだろう。このうち前者は，自らの多様な財産を侵害立法から保護する憲法上の権利の創設を望むにしても，そこでの権利の対象から社会的・経済的弱者救済目的での再分配立法からの保護を明示的に除外することを望むかもしれない。彼にとって，かりに財産一般に対する侵害立法についてミュラーの条件(3)「規制立法による利得に比べて非常に大きな損失」が満たされるとしても，それらの立法のうちでもこの種の再分配立法に関しては，必ずしもこの条件は満たされないだろう。

このケースにおいてミュラーの条件(3)が満たされないのは，法案の可決によって得られる利得が財産一般に対する侵害立法のケースに比べて再分配立法のケースにおいては極端に大きいという可能性を度外視すれば，再分配立法のケースにおいて立法推進派の立場に立つ確率は高いと考える者にとっては，その分だけ期待損失が小さくなるからである。つまり，変数q_sの値を高く見積もる者については，そうでない者に比べて再分配立法に伴う外部費用曲線Cは下方に位置する(図2)。

また，q_sの値に応じて意思決定費用曲線Dの形状が変化するだろうことも無視できない。というのも，ブキャナンとタロック，そしてミュラーは意思決定費用関数を右上がりの曲線として捉えたが，これは特定の問題に関して立法化をすすめる市民についてだけ妥当するものだからである[6]。彼らの側からすれば，決定ルールが全員一致ルールに近づくほど仲間を募るための交渉に伴う費用は高くなるので，D_1のような曲線を描くだろう。しかし，その問題に関する法制化を拒否し，前者の市民の提出した法案

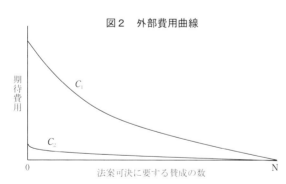

図2　外部費用曲線

曲線C_1は立法推進派になる可能性はない(q_s=0)と考える者にとっての外部費用を，また曲線C_2は確実に立法推進派になる(q_s=1)と考える者にとっての外部費用を表す。再分配法案が過剰に成立することにより拠出者の労働のインセンティヴが減少し，その結果分配のパイが縮小することで弱者の取り分も減少する等のことが起こり得るのだとすれば，曲線C_2は横軸上のフラットな線にはならないであろう。

の否決を目指す市民の側からすれば，決定ルールが全員一致ルールに近づくほど否決に要する人数を集める費用は小さくなるので，D_2のような曲線になるであろう。かくして，法案賛成派に属する確率をqとすれば，立憲段階における人々の意思決定費用は$qD_1+(1-q)D_2$ということになろう（図3）。q_sの値を高く見積も

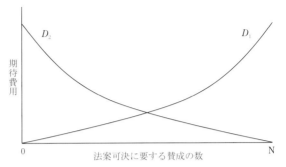

図3　意思決定費用曲線

曲線D_1は確実に立法推進派になる（$q_s=1$）と考える者にとっての意思決定費用を，また曲線D_2は立法推進派になる可能性はない（$q_s=0$）と考える者にとっての意思決定費用を表す。後者の人物にとっては，少数決であるほど法案を否決するために仲間の同意を高く買う必要があることから，意思決定費用は急激に上昇する。もっともこれは，審議においてその法案を否決するためにかかる費用であり，実際にはその法案がかりに可決されたとしても，少数決のもとでは彼はほとんど意思決定費用をかけずに廃止法案を可決させることで，容易に当初の立法を覆すことができる。

る者にとっては，意思決定費用曲線Dはその分だけ右上がりの度合いを強めることになる。

　このことから，意思決定費用と外部費用を合わせた相互依存費用が最小となるポイントは，q_sの値を高く見積もる者についてはそうでない者よりも左側に位置する，つまり最適な投票ルールはより包括的でないものになる傾向がある。したがって，そのような者が立憲段階において多くを占めるならば，生存権を具体化する立法に対して道を譲るような仕方で，財産権が憲法に規定されることになるだろう。

5．社会権の自由権的側面

　つぎに社会権の自由権的側面について考えよう。たとえば社会的・経済的弱者救済の目的で他の多くの市民にそのための資金の拠出を求める法案（図4の矢印①）が将来可決されるだろうことを前提に，かかる法律からの保護を対象項目から削るような仕方で憲法上の財産権を規定したのだとしても，これとは別にそれら弱者に過大な経済的負担を課す法案（図4の矢印②）が可決されるというのでは，当初の構想は破綻してしまう。

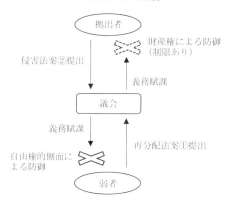

図4 立法からの保護

そこで，公権力による侵害行為から弱者を守るという役割，いわば自由権的な側面が社会権には含まれるということが一般に承認されている[7]。たとえば民法学者の我妻榮によれば，「『各人が人間に価する生活を営むことができるように』という憲法の理想に——単に積極的に寄与しないというだけでなく——特に障害となるような立法または行政がなされたときには，『生存権的基本権』の積極的な侵害であって，その場合には，裁判所はその立法または行政の効力を否定することができる」(我妻(1970) 189頁)。

それでは，立憲段階における人々は，いかなる根拠からこのような保障をそれら弱者に対して与えるのであろうか。この点についても，ミュラーの論理はある程度の回答を与えるように思われる。

まず，前節の財産権等の制限について検討したのと同じメンバーが，立憲段階においてこの保障の問題についても検討を行うものとしよう。彼らは，図4の法案②の審議が将来なされるだろうことを踏まえ，この法律からの保護を弱者に与えるべきかの検討を行う(この場合，拠出者が法案②を提出するのは，弱者の行為が負の外部性を生むからというよりもむしろ，弱者にも租税等の支出を求めることで拠出者自身の経済的負担を和らげようとする目的からであるだろう)。

彼らは，将来自分自身やその子孫が社会的・経済的弱者の立場に置かれる確率についてそれぞれ評価を行うが，その値が相当程度大きく，さらに法案②の可決に伴って弱者に多大なる損失が生まれるのなら，彼らが想定するこの立法に関する外部費用はかなり大きなものとなるだろう。実際，社会的・経済的弱者の現状の生活が非常に深刻なものであるなら，これを下回る生活を強いる法は，かりにそこで求められる金銭の支出が小さなものであっても多大な負担をもたらすものとして捉えられるかもしれない。

もしかりにそれらの負担が非常に大きく，その結果相互依存費用が最小となるのが全員一致ルールである(前節で見たように，立法に反対の立場に立つ

確率が高いほど外部費用曲線は上方に位置し,また意思決定費用曲線は右下がりになる)としたなら,立憲段階における人々は,その都度法案②を否決することに伴う意思決定費用を削減する目的から,この法律によって課される義務からの憲法上の免除権(社会権の自由権的側面)を社会的・経済的弱者に与えるであろう。

6. 社会権の請求権的側面

6.1 インセンティヴ問題

　第3に社会権の請求権的側面について考えてみよう。これまで憲法学において社会権に関して最も論じられてきたのはこの側面であるが,これは裏を返せば立法や裁判の場面において最も実現の困難であった側面ということでもある。このことには,社会権具体化立法の制定に関するインセンティヴの問題が深くかかわっている。

　上述の通り,立憲段階において人々が社会権条項を憲法に書き込むことの背景には将来の不確実さという要因が存在するが,ひとたび憲法の制定あるいは改正がなされ個々の立法を行うという段階(立法段階)に至ったならば,このような不確実性のヴェールはだいぶ薄くなる。憲法と比較しての法律の改正のしやすさを考えたとき,立法段階における人々としては,必ずしも遠い将来にまで考えを及ぼす必要はないであろう。かくして,かりに立憲段階において社会権条項の導入に賛成した人であっても,立法段階にある現在の彼自身にとってもしこの条項を具体化する立法(図4の法案①)が望ましくないものであるならば,彼はこの法律の制定に反対するかもしれない。そして,そのような者が社会において多数を占める場合,ここには自らに不利益を課す立法をそれら多数派自身の手で行うよう仕向けるにはどうすればよいのかという,インセンティヴに関する問題が存在する。

　このインセンティヴ問題の一部には,裁判所のスタンスに伴う問題も含まれる。というのも,社会的・経済的弱者の生活を悪化させる立法や,彼らの生活を不十分な仕方でしか改善しない立法,さらにはそもそも立法府が社会権を具体化するいかなる立法措置も行わないことに対して,裁判所はどの程度積極的に違憲判断を行うだろうか。まず弱者の生活を悪化させる立法については,総評サラリーマン税金訴訟第一審判決など社会権の自由権的側面を

正面から認めたいくつかの判決[8]が,その違憲性を強く認めている。基本的には,裁判所は弱者の生活を悪化させる立法については,その悪化の程度によるとはいえ,積極的に違憲判断を行う方向にあると考えてよいだろう。つぎに,弱者を不十分な仕方でしか改善しない立法については,堀木訴訟の上告審判決が「憲法25条の規定の趣旨にこたえて具体的にどのような立法措置を講ずるかの選択決定は,立法府の広い裁量にゆだねられており,それが著しく合理性を欠き明らかに裁量の逸脱・濫用と見ざるをえないような場合を除き,裁判所が審査判断するのに適しない事柄であるといわなければならない」[9]と述べるように,その不十分さが一見明らかであるのでない限り,裁判所としては違憲判断を控える傾向にある。最後に憲法の社会権条項を具体化する立法の不作為については,いかなる立法を行うかは国の「唯一の立法機関」である国会に委ねられるべき事項であり,立法不作為について裁判所が違憲判断を行うのは望ましくないという懸念もあって,裁判所は立法不作為の違憲性をほとんど認めていない[10]。

このような状況のもとでは,拠出者たる多数派の市民としては憲法の社会権条項を具体化する法律を敢えて作ろうとは思わないだろう。というのも,

図5 違憲判決が出される確率

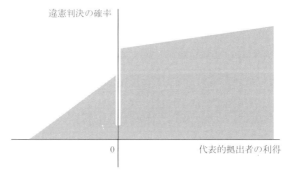

横軸は法律の制定により代表的拠出者が得る利得,縦軸はそれらの法律に対して裁判所が違憲判決を出す確率を表す。原点はいかなる立法も行われない状態(現状)である。弱者に損失を与える(拠出者に便益を与える)立法に対して裁判所は総じて高い確率で違憲判断を行い,その確率は損失の増加に応じて大きくなるものと考えられる。また,弱者に便益を与える(拠出者に損失を与える)立法については,便益供与の程度が大きい場合には違憲判決が出される確率は小さいが,便益供与の程度が小さくなるにつれて著しく合理性を欠くとして違憲判決が出される確率は大きくなるものと考えられる。他方,立法不作為に対して違憲判断がなされる確率は小さい。その結果,違憲判決の確率に関して原点付近に深い谷が存在する。

自らの身を削って弱者に利益を与える立法をなそうとしても，その利益供与の程度が中途半端なものであるなら裁判所によって違憲判断がなされる可能性が高いのに対し，そもそもそのような立法をなさないとしてもこれを違憲と判断される可能性は低いからである（図5）。立法化にいったん着手すれば，それが不十分な内容のものであるなら裁判所によって違憲と判断されさらなる譲歩を求められることで結果的に相当の損失を被ることは免れないが，立法化を控えれば損失を被ることはない。ここには拠出者に立法化を控えるよう促すインセンティヴ構造がある。

6.2　請求権的側面を保障する方法

このように拠出者たる多数派市民が社会的・経済的弱者救済の立法を行うインセンティヴをもたないだろうことを，立憲段階における人々は予想するに違いない。そのうえで，彼らが憲法に社会権条項を書き込む際にこれを実効的なものとしようとするのであれば，かようなインセンティヴ問題の存在にもかかわらずこの条項を具体化する立法がなされ得るよう，予め手立てを講じる必要がある。

社会権を具体化する法律が制定され得るようにする方法としてまず考えられるのは，社会権について規定する憲法の条文をできるだけ詳細かつ具体的なものにする，というものである。そのような詳細な規定を設けることで，立法化の際の裁量の幅を限定することができるし，また多数派市民に対する立法化に向けた圧力にもなる。実際，社会権に関して詳細な規定を憲法のなかに置く国は少なくない。たとえばスペインの1978年憲法は第40条において次のように定める[11]。

> 第1項　公権力は，経済安定政策の範囲内で，社会的及び経済的進歩のため，並びに地域的及び個人的所得の最も公平な配分のために好都合な条件を整備する。公権力は，とくに完全雇用を目的とする政策を遂行しなければならない。
> 第2項　同様に，公権力は，職業訓練及び職業再訓練を保障する政策を促進する。また，公権力は，労働における安全及び衛生に配慮し，並びに労働日の制限，定期的有給休暇，及び適切な施設の促進を通じて，必要な休息を保障する。

もっとも，これらの条文にあるように，行うべき政策の内容を具体的に定め，さらにそのような政策を「公権力は，…遂行しなければならない」と述べてみても，それにもかかわらず当の公権力がこれを実際に遂行しない場合にはどうなるのだろう。我妻も，「その施策の内容が憲法によって具体的に示されればされるほど，その保障が確実になるのはいうまでもない」(我妻(1970) 186頁)としたうえで，次のように述べる。

> しかし，問題は，これらの「生存権的基本権」の保障として国家のなすべき施策が憲法上いかに具体的に定められておっても，国家がそれをしないときはどうなるかという点である。「自由権的基本権」が憲法で保障されているときには，国家の立法および行政の権力は制限を受けるのだから，それに違反する立法および行政は憲法違反として無効であることは前に述べた。…しかし，この理論と制度とは，国家の積極的な施策を必要とする「生存権的基本権」については，全く役に立たないものであることは，説明の必要がないだろう(我妻(1970) 187頁)[12]。

また，条文の内容を詳細なものにするのにも限界がある。というのもまず，社会権を具体化するにあたって将来行われるかもしれない政策的判断の余地を前もって狭めることの是非が問題になる。堀木訴訟上告審判決は，先に引用した文章の前の部分で次のように述べている。

> 「健康で文化的な最低限度の生活」なるものは，きわめて抽象的・相対的な概念であって，その具体的内容は，その時々における文化の発達の程度，経済的・社会的条件，一般的な国民生活の状況等との相関関係において判断決定されるべきものであるとともに，右規定を現実の立法として具体化するに当たっては，国の財政事情を無視することができず，また，多方面にわたる複雑多様な，しかも高度の専門技術的な考察とそれに基づいた政策的判断を必要とするものである[13]。

社会的・経済的弱者救済の手立てとしていかなることを行うかは，当該時点での国の財政状況など複雑な要因に左右される部分が大きい。これらの事情について立憲段階において正確に予測することは困難であるだろう。その

場合，立憲段階において社会権に関して詳細な規定を設けることは，それだけそれらの要因に関して将来政策的判断を行える余地を少なくする[14]。

つぎに憲法改正の実現可能性も問題になる。というのも，詳細な条文にするほどその内容に反対する者は増えると考えられ，それに伴って憲法改正に必要な数の同意を集められる可能性は減少する。立憲段階における人々が条項案について必要な数の同意を得るためには，不確実性のヴェールの操作を行い条文の内容を抽象的なものにすることが求められるであろう[15]。かくして，規定の内容の詳細さは，将来の政策的判断の重要性とともにこのような必要な数の同意確保の可能性の関数になる。

社会権条項を具体化する法案が可決され得るよう立憲段階における人々が講じるかもしれない第2の手立ては，そのような法律の制定を求めて社会的・経済的弱者がその他の人々に向けて行う活動に対する法的支援である。我妻によれば，

> 中央の統治権力は，それによって利益を受ける階層のために行動する傾向をもつ。しかるに，生存権の保障のために国家の積極的な施策を必要とするのは，それ以外の少数階層を主とする。統治権力の動きがその面でとかく怠りがちになることは，免れがたい運命であろう。そのとき，国の立法と行政の尻をたたいて福祉国家の建設に進ませる原動力は，少数階層の言論と集団の力による批判と主張以外にはありえない。重ねていう。福祉国家は無為にして実現されるものではない。憲法に明記することによって成立するものではない。主として少数階層の自由と権利とを原動力とし，これに刺激され，これによって反省させられる統治権力の不断の努力によって実現されるものである。かように考えれば，福祉国家こそ，国民のすべてに対して自由権的基本権を保障しなければならないことが明らかとなるであろう(我妻(1970) 431頁)。

要するに，社会権具体化立法の成否は，ひとえに社会的・経済的弱者によるその実現へ向けた行動にかかっているのであって，さらにそのような行動を可能ならしめるためにはむしろ各種の自由権こそが手厚く保障されねばならないというのである。このことから，社会権条項に実効性を与えることを考える立憲段階における人々は，それら自由権の保障をより拡充することを

選ぶかもしれない。たとえば，弱者が他の人々に向けて行う広範な言論・集会等の活動に対して刑事上の免責を与えたり，また我妻の議論を受けて憲法学者の中村睦男が主張するように，社会保障の管理運営に参加する権利を受給権者やその他利害関係者に保障するといったこと[16]が，考えられよう。

なお，立憲段階における人々によるこのような選択については，それが社会権の請求権的側面に関わるものであるものの，対象が特定の内容の立法あるいは行政処分についての請求権それ自体ではなく，かかる立法や処分を求める弱者の活動を支える諸々の自由権の保障であることから，ミュラーの論理によって説明することができよう。すなわち，弱者が言論や集会等の活動を通じて社会権具体化立法の実現へ向けた働きかけを行うのを嫌った拠出者らが，逆にこれらの活動を規制する立法を設けようとする状況を想定したとき，これに対してその都度拒否権を行使するのに代わるより安価な手段として，弱者に対するそれら自由権の保障は理解することができるかもしれない（図6）。

社会権具体化立法の成立へ向けて立憲段階における人々が講じるかもしれない第3の手立ては，立法不作為に関する訴訟の環境整備である。彼らは，三権分立等の憲法の大枠を変えることなしに可能な限りにおいて，立法不作為に関する訴訟を容易にする修正，たとえば現在わが国において立法不作為の違憲性を裁判で問うほとんど唯一のルートとなっている国家賠償訴訟に加えて，立法不作為の違憲確認訴訟等の訴訟類型を用意する等のことを行うかもしれない。あるいは，そのような訴訟は司法裁判所において扱われる法律上の争訟に該当しないとの異論[17]を踏まえ，立憲段階における人々としてはさらに，ドイツ等におけるように憲法裁判所を設けて抽象的違憲審査を導入するということを考えるかもしれない。

また，より穏やかな方法として，先に述べた憲法の社会権条項の内容を詳細か

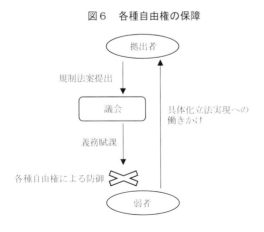

図6　各種自由権の保障

つ具体的なものにすることなどは，たとえそれ自体としては立法化へと向けた拠出者の行動を導くことがなかったとしても，裁判所の態度に重要な影響を及ぼし得るであろう。というのも，憲法条項の詳細化はそれだけその条文の裁判規範性を高めるであろうし，また曖昧な規定ゆえに立法府に広範な裁量が与えられることで結果として裁判所において違憲判断が回避されるという事態を，そのような詳細な憲法条項は食い止めることにもつながるだろうからである[18]。

もしこれらのことの結果，立法不作為について裁判所により違憲判断がなされる確率が上昇する（図５の原点付近の深い谷が埋められる）のだとすれば，その限りにおいて，拠出者に立法化を控えるよう促すインセンティヴ構造は解消の方向に進むであろう。もっとも，その場合でも，彼らが違憲判決を無視するという問題はなお残るだろうが。

7．おわりに

ここまでミュラーの権利論に沿って社会権のモデル化を試みてきた。もっとも，以上の議論に対しては，生存権以外の社会権にも妥当するのかとの疑問や，立憲段階における不確実さを背景とした選択という古典的なモデル以外にも社会権を説明する方法はないのかとの疑問等があり得よう。

このうち前者の問題については，他の憲法上の権利の制限，自由権的側面，請求権的側面という３つの要素は生存権だけでなく他の社会権にも見られるものであり，これらの要素に関する本稿の議論は基本的に社会権一般に妥当するものと考えられる。ただし，教育を受ける権利に関して，子どもは立憲段階および立法段階において集合的決定の主体たり得ない等，個々の権利に関して議論の修正が必要な部分があることは確かだろう。

次に後者の問題については，立憲段階における人々だけでなく，裁判所や立法府もプレイヤーとして含めたゲームの解として社会権を説明する等，多様な説明の方法があり得ることは確かである。特に請求権的側面に関してはそのような方法が必要とされる部分が大きいであろう。しかし，憲法改正について論じるうえで立憲段階における不確実さが重要な意味を有することを踏まえたとき，ブキャナン＝ミュラー的な枠組みは，投票ルールのような統治機構に関する部分だけでなく，憲法上の権利について考えるうえでも少なからぬ意義を有するように思われる。

注

1　Cf. Mueller（1991）318-24；Mueller（1996）212-17；Mueller（2003）631-34.
2　ホーフェルドは権利を次のように分類する。①権利(right)：私法上の債権債務関係における債権のように，義務と相関関係にあるものとしての狭義の権利。ふつう請求権(claim)と呼ばれるもの。②特権(privilege)：他人に対して，何らかのことをする，あるいはしない義務を，負っていないこと。ただしこの場合の「特権」は，たとえば頭をかいたり，散歩したりする行為についての自由のように，法的な権利義務関係が存在しないところでの自由(liberty)というものを意味する。③権能(power)：自己の意思により，自分自身や他人の既存の法律関係を変更することのできる法的能力。たとえば，財産を譲渡する能力や，また国会での法律についての議決権など。④免除権(immunity)：他人から一定の義務を課されないことに対する法的保障。たとえば，古典的自由権と呼ばれるものがそうである。Cf. Hohfeld（1919）35ff.
3　ミュラーは「もし立憲契約に加わっている人々が，あまりの貧困ゆえにこれらの本質的な財を得ることができない者に自分(自分の子孫)が将来なるかどうかという点について不確実であるならば，憲法は基本的な医療ケア，教育，最低限の所得レベル，といったものへの個人によるアクセスを保障することができるであろう」(Mueller（1991）323)と述べ，上述の論理が社会権にも応用可能であると想定している。しかし，以下に見るように社会権は多様な側面を含んでおり，しかもそのうち請求権的側面は「立法権力からの免除権」としての憲法上の権利という彼の理解によっては説明不可能なものである。
4　もっとも戸波は，生存権の枠組みにおけるこのような拠出者と受給者の再分配を理想主義的に社会連帯の構造として理解している。戸波(2005) 63頁参照。
5　伊藤(2012) 115-17頁参照。
6　ブキャナンとタロックは，それぞれの投票ルールを一連の諸問題に適用されるものと捉え，それらの問題は特殊利害に係るものではなく一般的なものであること，人々を特定の諸集団へと区分する永続的な境界線は存在しないことを仮定したうえで，さらに立憲段階における人々は厚い不確実性のヴェールのゆえに将来いかなる問題が生じその際に彼らがどのような役割を演ずるかについて予測できないと主張する。この場合，人々がそれらの法案審議において勝つケースと負けるケースがほぼ等しいと想定されるか，あるいは勝つ確率と負ける確率がそもそも分からないゆえに不十分理由の法則を用いるのなら，外部費用曲線はすべての人々について同様の形状になるだろう。またブキャナンらはこの仮定の下で，立法段階における審議を，特定の集団が法案を提出する一方当該問題についての法制化を怖れる他の集団がこの法案の否決を目指すというような構図としてではなく，すべての人々が当該問題についての法制化の必要性を認めたうえでそれぞれ望ましいと考える法案を提出するといった構図として捉えている。すべての人々が当該審議に法案提出者として参加し，相手の法案の否決のためではなく自らの

法案の可決のために賛同者を集めることを競うのであれば，彼らの意思決定費用曲線は右上がりになるだろう。

　これに対して，本稿のモデルは，立憲段階においてナイトの意味での不確実性ではなくリスクを前提とし，また人々の間に固定的な区分が存在することを仮定したうえで，彼らの利害が対立する特定のないしはそのような一連の問題を念頭に置いている(立憲段階をリスクによって特徴づける試みとして，伊藤(2012) 117頁以下参照)。これには，憲法上の権利はそのような固定的な弱者の救済を目的のひとつとする以上，これらの権利を論じる際には問題の一般性を仮定することが必ずしも望ましくないという事情がある。実際ミュラーも，憲法上の権利について論じるなかで，合衆国における人種に基づく奴隷制という変更不可能な属性に由来する人々の区分に言及し，上述の理屈(ミュラーの論理)によってこれを説明している。Cf. Buchanan and Tullock (1962) chs. 6, 7, 8 ; Mueller (1991) 322-24 ; Mueller (1996) 215-16.

7　中村(1983) 8-9頁参照。
8　東京地判昭和55・3・26行集31巻3号673頁。ほかに，介護保険料の徴収に関する大阪地判平成17・6・28判例地方自治283号96頁など。
9　最大判昭和57・7・7民集36巻7号1235頁。
10　立法不作為を含む立法行為の違憲性に関する(現在のところ立法不作為の違憲性を問うほとんど唯一の方法である)国家賠償訴訟での争いについて，最高裁は，最判昭和60・11・21民集39巻7号1512頁〔1517頁〕において，「国会議員の立法行為は，立法の内容が憲法の一義的な文言に違反しているにもかかわらず国会があえて当該立法を行うというごとき，容易に想定し難いような例外的な場合でない限り，国家賠償法1条1項の規定の適用上，違法の評価を受けないものといわなければならない」として，立法不作為の違憲判断の余地を非常に限定的に捉えた。その後，在外国民の選挙権に関する最大判平成17・9・14民集59巻7号2087頁〔2101頁〕において，最高裁は，「立法の内容又は立法不作為が国民に憲法上保障されている権利を違法に侵害するものであることが明白な場合や，国民に憲法上保障されている権利行使の機会を確保するために所要の立法措置を執ることが必要不可欠であり，それが明白であるにもかかわらず，国会が正当な理由なく長期にわたってこれを怠る場合などには，例外的に，国会議員の立法行為又は立法不作為は，国家賠償法1条1項の規定の適用上，違法の評価を受けるものというべきである」として，立法不作為の違憲性が認められる「例外的な場合」の範囲を昭和60年判決におけるよりも広げたものの，なお立法不作為の違憲判断のハードルは非常に高いものと言えよう。
11　厚生労働省HP，スペイン下院HP参照。
　　http://www.mhlw.go.jp/shingi/2010/02/dl/s0215-12e.pdf
　　http://www.congreso.es/portal/page/portal/Congreso/Congreso/Hist_Normas/Norm/const_espa_texto_ingles_0.pdf

12 我妻はプログラム規定説を採ったが，他の立場の下でもこの問題はなお残る。
13 最大判昭和57・7・7民集36巻7号1235頁〔1238頁〕。
14 社会的・経済的弱者の増加や景気の悪化等により，生存権を保障するうえでの財源が将来不足すると考えられるとき，立憲段階における人々は，曖昧な規定により将来の政策的判断の余地を残すというだけでなく，さらに上述の自由権的側面の緩和についても検討するかもしれない。たとえば現在生活保護法第8条に規定されているいわゆる「基準及び程度の原則」（厚生労働大臣の定める基準をもとに生活保護費の額について定め，その際当該基準は各種事情を考慮した最低限度の生活の需要を満たすに十分かつこれを超えないものでなければならないとの原則）等を憲法の生存権条項に挿入すれば，当該原則自体が違憲と判断される余地が無くなるだけでなく，行政府への幅広い裁量の付与に関する憲法上の明確な承認として裁判所への強いアピールとなることから，生活保護費の削減に対して「生存権の侵害である」として起こされる訴訟に違憲判決が出される確率は減少するであろう。

このような自由権的側面の緩和は，立法段階において多大な費用負担に苦しめられている拠出者が，それでもなお負担継続に同意するための条件ともなろう。生存権導入時に想定したものをはるかに超える費用負担に直面したとき，不公平感からあるいはまた負担の軽減のため，拠出者らは生活保護制度の大幅な縮小ないしは廃止を内容とする新たな憲法改正へと動かないとも限らない。

かくして，以上のことを予想する限りにおいて，また憲法改正に必要な数の同意を取り付けるための交渉材料という意味からも，弱者になる確率が高いと考える立憲段階の人々はかかる緩和に賛同するかもしれない。

15 一般に，ルールの内容を曖昧なものにしそのルールが適用される問題の種類および期間の範囲を拡大することにより，当該ルールに関する人々のあいだの利得構造の類似性は増すと考えられる。かくして，多数派の人々が憲法改正を企図しているもののなお改正に必要な数の同意が確保されていない場合，彼らは提案するルールの抽象度を高めることで，少数派の同意を取り付けようとするかもしれない。Cf. Mueller（1991）330；Mueller（1996）221；伊藤(2012) 114-15頁.
16 中村(1983) 16-17頁参照。
17 立法不作為に関する国家賠償訴訟においては，国側の代理人は，訴えの実質が抽象的違憲審査を求めるものであるため，法律上の争訟にあたらないと主張するのが常である。戸波(1987) 391頁脚注12参照。また，それら訴訟類型の整備は立法で対応すべき問題だとの異論もあり得ようが，憲法でこれらを規定することは必ずしも否定されるものではない。
18 野中・中村・高橋・高見(2012) 511頁参照。

参考文献

Buchanan, J. M. and Tullock, G. (1962), *The Calculus of Consent*, Ann Arbor, The University of Michigan Press(宇田川璋仁監訳(1979)『公共選択の理論』東洋経済新報社).

Hohfeld, W. N. (1919), *Fundamental Legal Conceptions as Applied in Judicial Reasoning and Other Legal Essays*, New Haven, Yale University Press.

伊藤泰(2012)『ゲーム理論と法哲学』成文堂.

Mueller, D. C. (1991), "Constitutional Rights," *Journal of Law, Economics, and Organization*, 7 (2), pp.313-33.

Mueller, D. C. (1996), *Constitutional Democracy*, New York, Oxford University Press.

Mueller, D. C. (2003), *Public Choice III*, New York, Cambridge University Press.

中村睦男(1983)『社会権の解釈』有斐閣.

野中俊彦・中村睦男・高橋和之・高見勝利(2012)『憲法Ⅰ(第5版)』有斐閣.

戸波江二(1987)「立法の不作為の違憲確認」芦部信喜編『講座憲法訴訟(第1巻)』有斐閣, pp.355-400.

戸波江二(2005)「憲法学における社会権の権利性」『国際人権』16, pp.61-73.

我妻榮(1970)『民法研究Ⅷ』有斐閣.

特集：子ども施策の公共選択

保育サービス供給と財政，待機児童解消への取り組み

和泉徹彦
(嘉悦大学経営経済学部)

※本論文は編集委員会の依頼による執筆である。2017年10月29日受理。

1. 保育サービス供給を捉える視座

　2015（平成27）年度から始まった「子ども・子育て支援新制度」から保育サービス供給のあり方が大きく変化してきている。その翌年，国会質問でも取り上げられた「保育園落ちた日本死ね」は流行語大賞にも入選した。子育て世代にのみ知られていた保育所待機児童問題が多くの人々に知られるきっかけとなった。

　次世代を担う子どもたちと働きながら子育てする両親のために保育サービスが必要という認識が広がる過程で，待機児童を減らすどころか増やしてしまっている一部の地方自治体に批判が向けられることになった。保育所を増やす努力が足りないのではないかと，厳しい目が向けられている。国が「待機児童解消加速化プラン」において目標としていた2017（平成29）年度末の達成断念を公表した際も同様である。

　本稿では，保育サービスを確保するための取り組みが地方自治体そして国においてどのように実施されてきたかの経緯を確認し，財政の構造，保育料のあり方，そして働き方改革との関連について俯瞰的に捉える視座を提供したい。行政による取り組みの経緯を知らない，あるいは問題の構造を知らない論者によって不毛な批判が繰り返される状況から抜け出て，建設的な議論へとつなげていきたい。

1.1 子ども・子育て支援新制度の目的

　幼児教育・保育関係者の間では，就学前児童に提供される幼児教育・保育の質を保証すべきとの共通認識が形成されている。ノーベル賞経済学者・J.ヘックマンが，格差是正のために幼少期の教育資源へのアクセスの重要性を指摘した「ヘックマンレポート」を初めとして，OECDにおいても就学前の子

どもへの支援について国際協調の動きが継続している。『*Starting Strong*』と題されたOECD: Early Childhood Education and Care（ECEC）Policyの報告書シリーズは2001年の第1巻から2017年の第5巻まで刊行されている。第5巻のテーマは「幼児教育・保育から初等教育への接続」[1]であり，2018（平成30）年度から日本で改定される「幼稚園教育要領」「幼保連携型認定こども園教育・保育要領」「保育所保育指針」が小学校への接続教育を強調する内容と重なっている。保育サービスは一義的に次世代を担う子どもたちへの生活環境及び教育機会の提供なのである。

そして同時に「我が国における急速な少子化の進行並びに家庭及び地域を取り巻く環境の変化に鑑み」[2]た，すべての保護者への子育て支援サービスでもあることが明示されている。保育所を利用する対象についても「保育に欠ける」から「保育を必要とする」乳児・幼児と児童福祉法が改正[3]された。この点は，高齢者介護及び障害者支援の分野での福祉サービス供給において行政措置から契約へ移行し，利用者に選択の幅を拡大させた改革に匹敵する制度変更である。

新制度の下では，サービスの利用希望者は認定区分の判定を受ける。3～5歳で幼稚園または認定こども園を利用したい場合は，入園が内定した施設を通して認定を申請し，1号認定を受ける。保育を必要とする場合は，市町村に直接認定を申請し，3～5歳は2号認定，0～2歳は3号認定を受ける。その後，保育所または認定こども園の利用調整を経て利用施設が決定する。3号認定の場合，後述する地域型保育の対象となることもある。

新制度の財政面では，消費税税率を10％まで引き上げた際の増収分から7千億円を配分するという財源確保策が示された。増え続ける保育サービス需要に対応して，不足する保育士確保を目指して処遇改善費を上乗せすると，財源が足りないという見方もある。

1.2 保育サービスの類型

保育所には，認可保育所と認可外保育所とがある。保育所の設置認可権限を持つのは都道府県・政令指定都市・中核市である。政令指定都市及び中核市以外の市町村が認可保育所を誘致する計画を立てた場合，都道府県と事前協議しながら進めることになる。

認可保育所は国の設置基準及び地方自治体が条例や規則で定めた基準を満

たすことが求められる。設備基準で必要な設備や面積が定められ，保育士配置基準が年齢別に定められている。国の設置基準を下回ることはできないが，地方自治体が独自に上乗せした基準を定めていることがある。

利用を希望する保護者は，市町村に入所申請を行い，利用調整を経て入所する。自己負担である保育料は世帯所得(住民税額)に応じた応能負担となり，年齢別に定めている市町村がほとんどである。兄弟姉妹が同時に保育所を利用する場合には保育料の多子減免が適用され，一般的には第2子半額免除，第3子全額免除と定められていることが多い。これは少子化対策の側面があり，年齢別保育料が高い末子から減免が適用される。

表1に示したのは，運営主体も多様になった現在の保育サービスの類型を一覧にまとめたものである。子ども・子育て支援新制度において定められたサービスは認可保育所等の類型にあるものを指す。地方自治体による保育所定員増が進まないことにしびれを切らして，国が認可保育所並みの補助金と利用者負担を条件とする企業主導型保育所の新設を2016（平成28)年度から始

表1 保育サービスの類型

類型			運営主体	特徴
認可保育所等	認可保育所	公立公営保育所	市区町村直営	常勤保育士は公務員が配置される，従来からの保育所
		公設民営保育所	指定管理者型	指定管理者制度を活用し民間事業者等に運営させる
			業務委託型	民間事業者等に保育所運営を業務委託する
		私立保育所	社会福祉法人	従来は唯一認められていた民間事業者
			学校法人	規制緩和により幼稚園を併設する形態等が可能になった
			株式会社	規制緩和により可能になった
			その他法人等	規制緩和により可能になった
	地域型保育	小規模保育	市町村，民間事業者等	認可定員6〜19人
		家庭的保育	市町村，民間事業者等	認可定員1〜5人
		事業所内保育	事業主	事業所の従業員＋地域枠
		居宅訪問型保育	市町村，民間事業者等	障害や疾患で個別ケアが必要な場合が想定される
	幼保連携型認定こども園		国，自治体，学校法人，社会福祉法人	幼稚園と保育所の両方の良さを併せ持っている施設
企業主導型保育所			民間事業者等	従業員のための保育施設の設置・運営の費用を助成
認可外保育所	自治体補助型		自治体が認定する事業者	東京都認証保育所，川崎認定保育園，横浜保育室等
	補助無し		民間事業者等	地方自治体への届出義務のみで，ベビーホテル等含む
幼稚園			預かり保育	幼稚園教育終了後も必要に応じて在園児を預かる

めた。認可外保育所の中には，東京都認証保育所・川崎認定保育園・横浜保育室といった地方自治体の基準に適合し補助金を得ている保育所があり，その利用者は待機児童から除外できる。幼稚園の預かり保育は，4時間の教育時間が終了した後に必要に応じて在園児を夕方まで預かる保育である。パートタイム勤務の保護者が活用できる実態があり，待機児童対策に有効と考えられる。預かり保育をどのように実施するかは幼稚園の裁量に委ねられているため，夏休み・春休みといった長期休暇中に預かり保育を実施するかどうかなど課題は多い。

1.3 認可保育所の規制緩和

認可保育所の運営主体は，規制緩和されるまで市町村直営もしくは社会福祉法人に限られていた。幼稚園を運営する学校法人が保育所の運営を認められない時代があったため，わざわざ学校法人と社会福祉法人に組織を分けて保育所を運営する事業者もあった。

2000（平成12）年10月1日，東京都江戸川区に開所した認可保育所「葛西駅前さくら保育園」（株式会社丸善建設，現在は社名変更で株式会社丸善コーポレーション）が，株式会社立の認可保育所としては全国初の施設である。

翌年4月には「三鷹市立東台保育園」（株式会社ベネッセ・コーポレーション，現在はグループ企業の株式会社ベネッセスタイルケア）が公立保育所の民間業務委託の全国初の事例となった。地方自治法改正[4]により定められた指定管理者制度は，保育所の公設民営化を進展させることになる。

認可保育所を運営する民間事業者を誘致するとき，株式会社を運営主体に選定するかどうかは市町村の判断である。実績のある社会福祉法人にのみ門戸開放し，新規参入の株式会社に門前払い[5]を食わせてきた自治体もある。待機児童数全国ワーストを何度も記録してきた東京都世田谷区は，営利事業あるいは収益事業に保育サービスはなじまないとする首長の考えを反映している。しかしながら，待機児童増加に歯止めをかける意図を隠さず，2015（平成27）年には株式会社立の認可保育所を開設した。保育所運営に実績のある株式会社が増えてきており，上場会社のグループ企業や全国的なチェーンを展開する企業も珍しくない。

公立保育所の高コスト構造は公務員保育士の給与構造に由来するので，完全民営化によって社会福祉法人など民間事業者に譲渡する動きが全国で続い

ている。これに対して，公務員労組である全日本自治団体労働組合(自治労)は公務員保育士の身分を危うくするものとして当初から反発し，保育サービスの質の低下が懸念されると主張している。老朽化した公立保育所を建て替える場合の財政負担が重く，民間事業者が建て替え民営化すれば「次世代育成支援対策施設整備交付金」による補助を受けることができるのも，地方自治体が公立保育所の民営化を進める理由の一つになっている。

幼保連携型認定こども園は，0～5歳の子どもたちが利用する施設である。新制度の検討段階では幼保一元化の象徴として内閣府所管の「総合こども園」構想が温められた。しかし，私立幼稚園や保育所が「総合こども園」に順次移行するという提案は関係業界に受け入れられず，創設は断念された。そのため，将来モデルだった構想が縮小した幼保連携型認定こども園は幼稚園と保育所の狭間にひっそりと立地しており，子育て世代の間でも低い認知度にとどまっている。

「保育所不足」による待機児童問題と「子ども不足」による少子化問題が同時に発生しているのが現代の日本である。「保育所不足」は都市部の問題であり，「子ども不足」は地方の問題である。(一財)統計研究会(2017)には，一部の町村では幼稚園も保育所も閉鎖され，幼保連携型認定こども園が唯一の幼児教育・保育施設になっている事例が紹介されている。今後，全国で少子化が進行する過程では，幼児教育・保育サービス需要が減少し，運営事業者の撤退や行政の判断により事実上の幼保一元化が達成されていく見通しである。保育の必要があろうとなかろうと幼保連携型認定こども園を整備しなければ，就学前児童が集団生活したり，幼児教育を受けたりする機会が失われてしまう。

2015(平成27)年から始まった0～2歳対象の地域型保育は，4つの事業に区分されている。定員19人までの小規模保育，定員5人までの家庭的保育，事業所の従業員と地域住民枠を対象とした事業所内保育，そして障害や疾患で個別ケアが必要な場合に保護者宅に出向いて保育する居宅訪問型保育である。

定員19人までの小規模保育は，マンションやビルの部屋をリフォームして開設できることもあり，都市部を中心に急増している。小規模保育を利用していた子どもが3歳になると認可保育所などに移る必要がある。3歳以上でも小規模保育を利用できるよう，政府は国家戦略特区を活用して規制緩和する方針を示しているが，現時点では実現していない。

居宅訪問型保育は，障害や疾患のある子どもへの保育を1対1で訪問して

実施する形態であり，保育者には特段の専門性が求められる。そのため，対応可能な事業者がきわめて限られており，サービス提供に踏み切れない自治体がほとんどである。

1.4　地方自治体の待機児童対策

全国の待機児童数は2万6千人[6]を数える。2010（平成22）～2014（平成26)年までは順調に減少していたのが，2015（平成27)年から3年連続での増加に転じた。その背景には景気拡大に合わせた就業者増加と新制度への期待が，保育所利用申請を増加させたためと考えられる。

2017（平成29)年4月1日現在，全国の保育所等定員は274万人(前年比10万人の増加)，保育所等を利用する児童の数は255万人(前年比8万8千人の増加)，そして待機児童のいる市区町村は前年から34増加して420市区町村となっている。全国の市区町村数は1741であるため，待機児童のいる市区町村は24.1%となっている。

義務教育である小学校が定員超過での待機者を出さない一方で，保育所はなぜ待機児童が発生するのだろうか。小学校は満6歳になる世代の人口を生まれてから予測することができるのに対して，0歳や1歳で利用申請することの多い保育所は対応が間に合わないという違いがある。

待機児童数は，利用申請者に対して保育所定員の差分として表面化する。例えば前年度の待機児童数が100人だった地方自治体が，100人定員の保育所を新設したとしても一般的には待機児童解消には至らない。4歳，5歳で待機児童になることはまれで，0～2歳の時点で待機児童になることと，100人定員の年齢別の内訳では0～2歳児は40人程度しか設定できないからである。さらに翌年度になってみると利用申請者数が倍増することも珍しくない。近隣に保育所が新設されると，潜在的な保育サービス需要を掘り起こしてしまうためである。

地方自治体としては，前年比で保育所定員増を実現した実績にも関わらず，予測の難しい利用申請の変動によって，整備実績と需要との差分である待機児童数が施策のベンチマークになってしまっていることへの不満がある。国に全国集計されてワーストランキングが公表されることで，近隣自治体と保育所新設の財政競争を強いられている現状がある。なお地方自治体によって待機児童の数え方が異なるという指摘があり，国が統一基準を示した。2017

(平成29)年4月の待機児童数では統一基準が間に合わず，地方自治体によって数え方がまちまちのままになっている。公表されている待機児童数の裏側には，育児休業を延長した，求職中であるといった，保育を必要とする「隠れ待機児童」が発生している。

保育所の新設には，ヒト・モノ・カネの資源が必要である。保育士の処遇改善は進んでおり，社宅借り上げによる家賃補助などを含めれば新卒保育士の給与は一般企業よりも高い水準となっている。次に立地の問題があり，駅前の商業ビルにテナントとして入居しようとすれば，他の業種との競合が発生し，地方自治体の賃料補助が十分でなければ採算がとれないため，見送りとなってしまう。従来からの公立保育所では一般的な，定員100人規模の保育所を新設できる広さの用地確保が難しくなっている。公有地で用地確保を検討するときに，公園を一部転用する形で保育所を新設する地方自治体も出てきている。近隣周辺との騒音問題など，地域との共存条件も厳しくなっている。また，施設整備補助金が利用できる民間事業者の誘致合戦になっている。

待機児童対策として，認可保育所の年齢別定員を操作する地方自治体がある。待機児童は3歳未満で発生することが多い。従来からの保育所の年齢別定員は0歳から5歳にかけて段々と増える「末広がり」型の設定であったのに対して，0～5歳までほぼ均等に定員を割り付ける「寸胴」型に設定する保育所が増えてきた。総定員が同じ保育所であれば，「寸胴」型の方が3歳未満児をより多く受け入れることができる。

地域型保育の小規模保育所は短期間に開設可能で，しかも3歳未満が対象のため待機児童を減少させる効果が高い。しかしながら，新設する認可保育所の定員構成を「寸胴」型にしてきた地方自治体では，3歳になって移る連携施設の確保が難しくなっている。「末広がり」型であれば3歳で増えていた定員が，「寸胴」型では持ち上がりの子どもたちで定員が埋まってしまうためである。

一部の地方自治体では，新設したばかりの認可保育所において4～5歳の定員割れが発生するので，新設から数年間だけ3歳未満児を臨時に受け入れる制度を導入している[7]。利用定員が少なくとも，保育士は設置基準通りに配置しなければならず，人材を有効活用できる状況にあるからだ。

年齢別定員で0歳児を設定しない認可保育所も新設されている。国の設置基準に基づくと，0歳児3人に対して保育士1人であり，地方自治体によっ

ては保育士・看護師を加配していることもある。1歳児になれば6対1になるので、0歳児の2倍の子どもを受け入れることができる。待機児童となる3歳未満児をより多く受け入れる対策に地方自治体は知恵を絞っている。

東京都認証保育所は東京都民であれば利用可能である。このような認可外保育所を認可保育所に転換する動きもある。認可保育所なら立地する地域の住民に限って利用できるからである。

2. 保育サービス供給と財政

2.1 財政の仕組み

保育サービス供給において地方自治体の財政支出は、新たな保育所施設整備にかかる建設費補助と認可保育所運営費に分けられる。

財政政策の観点で言えば、地方交付税制度を用いた地方自治体間の財政力格差を是正する調整は、主に都市住民の税負担により財政力の低い自治体の一般財源を保障してきた経緯がある。待機児童問題は都市部の地方自治体に発生していて、施設整備補助金や保育所運営費を国費で支えることは、従来の財政調整における都市部から地方へというお金の流れを逆流させる様相を示すことになっている。

新たな保育所施設整備にかかる建設費補助は、国の「次世代育成支援対策施設整備交付金」から支出される。国・都道府県・市町村の補助金を得て、民間事業者は自己資金を併せて施設整備を行う。

老朽化した公立保育所を建て替える際に民営化される事例が増えているのは、自治体直営のまま建て替えるのでは建設費の補助金が出ないためである。地方交付税交付団体に限って言えば、公立保育所の新設や建て替え事業費の2分の一まで地方債起債が認められ、その償還費用は全額交付税措置の対象となる。待機児童が発生している自治体の多くが都市部であり、不交付団体も多い。不交付団体が自治体直営のまま公立保育所を建て替えると地方単独事業で負担しなければならない。同じ支出額で私立保育所5カ所整備分に相当する。

保育所運営費については、2004(平成16)年から三位一体の改革により公立保育所については一般財源化、民間保育所については交付金化がなされた。一般財源化については、交付団体には交付税措置される。ある意味で不交付団体は民間事業者による施設整備しか保育サービス供給を増やす手段が残さ

れていない。

2.2 保育サービスに係る地方単独事業

総務省調査[8]によれば,「子ども・子育て」事業における地方単独事業の総額は,都道府県が3,383億円,市町村が1兆3,817億円の総額1兆7,200億円である。ただし,「子ども・子育て」事業とは,公立保育所・私立保育所・公立幼稚園・保育料軽減にとどまらず,児童相談所・児童館・障害児向けサービス・母子家庭支援・青少年健全育成など網羅的な事業を含んでいる。

(一財)統計研究会(2017)における調査回答データから,未回答の地方自治体のデータの補完を試みた結果,公立保育所運営費は5,561億円,私立保育所運営費は8,413億円の総額1兆3,974億円という推計結果が示されている。公立保育所運営費については,公務員保育士の人件費を運営費に含めない地方自治体がほとんどであり,私立保育所運営費と単純比較はできない。

図1は,主に都市部自治体の保育所運営費の財源構造を示している。国が定める運営経費に対してほぼ同額の地方単独加算が行われている実態を示している。

①利用者負担軽減分については,低所得世帯に対する保育料負担軽減も含まれるため公費負担するべきでないとまでは言えないが,高所得世帯の保育料まで減免する合理的な理由は見当たらない。なお,東京都の特別区・市の利用者負担軽減率が高く,国が定める基準保育料総額の50％程度しか収納していない。政令指定都市の平均は約70％の収納率である。一部,子ども不足

図1 保育所運営費の財源構造

運営費総額(100％)		
国が定める運営経費(約50％)		地方単独加算の運営経費(約50％)
国基準利用者負担	行政負担	
保育料	①利用者負担軽減分	(国・都道府県・市町村) ※一般財源化分含む	②地方独自加算
利用者負担	公費負担	

の自治体では少子化対策として，第1子から保育料を減免したり，あるいは免除したりしているところもある。

②地方独自加算については，都市部の物価や人件費の高さを反映した運営費，そして近隣自治体との運営事業者誘致競争といった意味が含まれている。地方自治体独自の保育士配置基準や処遇改善費といったものも加算理由の中にある。また，障害児やいわゆる気になる子と呼ばれる，特別な支援が必要な子どもの保育について加算や加配を行っている経費も含まれる。

2.3 保育料負担と保育バウチャー

経済学的に考えれば，利用者負担である保育料は保育サービスの価格として機能し，保育料が低ければ超過需要を生み出すことになるので，待機児童が発生して当然である。つまり保育料が安いと，保育所定員を増やす以上に利用申請が増えて待機児童が解消しない，適切な保育料水準にすれば需要と供給をバランスさせることができるとの議論[9]である。低所得世帯など弱者には所得再分配によって保育料負担が可能な補助を行えば良い。しかしながら，子ども・子育て支援は単に家庭の経済的動機のみで需給をバランスさせるものではなく，児童福祉法に基づき保育を必要とする人すべてに措置される地方自治体の責務であり，併せて日本社会の次世代育成や社会保障制度の持続可能性のスケールで捉えるべき課題である。

弱者への補助と保育所運営費のあり方を問い，民間活用を訴える保育バウチャー導入論の初出は経済戦略会議答申（1999）「日本経済再生への戦略」である。当時，高コスト体質の公立認可保育所と相対的低コストの民間認可外保育所（補助金無し）しかなく，機関補助からバウチャーのような人頭補助に切り替えれば自治体の保育所運営が効率化し，民間参入が拡大すると期待された。現在，保育士不足への処方箋として処遇改善が主張されているが，そもそもは公務員保育士の給与が高すぎるために，人件費を抑えるために民間活用という対策をとったことが始まりである。既に十分な民間参入が果たされ，小規模が多く3歳未満児の受け皿となっている民間事業者の方が子ども一人当たりの保育費用が高くなっている現状に対して，保育バウチャー導入論は時代錯誤になりつつある。

保育料の設定に関して，近年の多様化した保育サービス供給や費用構造の変化といった背景に無関心では適切な議論はできない。一方で教育無償化を

幼児教育・保育にも拡大する方向が示されている。公立小学校・中学校が無償であり，高校授業料についても所得制限付きで実質無償化されている。次世代育成支援として幼児教育・保育の無償化は将来的に実現されるべきであるが，そのプロセスが重要だと考える。

幼児教育・保育の無償化にたどり着くプロセスの一里塚は，待機児童解消である。利用希望者が子育て支援サービスを様々な選択肢から選べるようになって，ようやく無償化に進むことができる。拙速に無償化してしまえば，財政面での財源不足を補う手段の一つを失ってしまい，保育サービス供給増加が減速してしまう。

就労機会の逸失が高い費用となる高所得世帯ほど高い保育料を負担可能である。地方自治体が近隣自治体との横並び意識で高所得世帯の保育料ですら国基準[10]より減免しているのは，財源確保の観点で問題である。多子減免制度を活用すれば，高所得世帯であっても子ども一人当たりの保育料を軽減することができる。一里塚にたどり着くまでは，保育料の応能負担を強めることが合理的な対策となる。低所得世帯は既に低い保育料負担となっている。

3．働き方改革と子ども・子育て支援の足並みの乱れ

3.1 働き方改革とは

安倍政権において「一億総活躍社会の実現」は基調テーマとなっている。中でも女性の就業率を高め，正規雇用・非正規雇用問わず同一労働同一賃金の実現によって，非正規雇用になりがちな出産・子育て期の女性が就労しやすい環境整備に重点を置いている。

総理発言の要点[11]は以下のようになる。

- 出産・子育てを理由に非正規雇用を選択する女性が多い
- 同一労働同一賃金の実現によって，非正規雇用の待遇改善を目指したい
- 長時間労働は，仕事と子育てなどの家庭生活の両立を困難にし，少子化の原因や，女性のキャリア形成を阻む原因，男性の家庭参画を阻む原因となっている
- 高齢者の就労促進を目指し，継続雇用や定年延長を進めていく

働き方改革では，非正規雇用の待遇改善を図る，長時間労働の是正を図る

といった政策目標の先に，減少する労働力人口に対して就業率上昇によって働き手を確保すること，労働生産性を向上させることでGDP成長させること，そして子どもを産み育てやすい環境整備によって出生率向上を目指すことが示されている。

大企業は「次世代育成支援対策推進法(以下，次世代育成法)」(平成15年法律第120号)に基づく行動計画を策定してきた。少子化対策として，働き方の見直しによる仕事と生活の調和(ワーク・ライフ・バランス)の実現が重要な課題の一つとなっており，国・地方公共団体・企業が一体となった取組みの一部として実施されてきた。働き方改革が求める方向は，過去の施策の延長線上にある。

しかしながら，企業が働き方改革に沿った社内制度や人事処遇を進めれば進めるほど，保育サービス利用を核とする子ども・子育て支援制度との不整合が生じてきている。端的に言えば，パートタイム勤務や短時間勤務を選択した労働者が認可保育所に入所申請しても，フルタイム共働き世帯に比べて利用調整ポイントが少なくなってしまい，結果的に優先順位が落ちる問題がある。男性社員の育児休業取得を促進しても，早期に両親が育児休業を切り上げて認可外保育所を利用していた方が優先して入所できるといった不整合である。

3.2 「マミートラック」と少子化対策の社会的費用

子育て中の母親が就業先で業務を軽減された人事コースを選択する「マミートラック」(mommy track)という用語が学術誌に現れるのはHall (1989)である。日本では岩男・加藤(1997)がキーワードとして解説しており，その書評が読売新聞東京版(1998/01/14)に掲載されたのが初出であり，その後は近年まで各紙で取り上げられることは無かった。

次世代育成法に基づく行動計画を策定してきた大企業は，短時間勤務(時短)や育児休業の延長といった選択肢を用意してきた。しかし，それを選択するのは女性社員だけであり，ワーク・ライフ・バランスの実現で重要な，男性・女性を問わず働きやすい職場環境整備とはほど遠い，偏ったものであった。一度マミートラックを選択した女性は，その後の人事処遇・昇給においても同期入社の男性社員と競るような機会は与えられない。育児休業からの復職では，人事評価がゼロからのスタートになる。育児休業が長引けば，復

職後の業務能力に不安を覚えたり，顔見知りの同僚がみな異動していたりと，結果的に自主退職につながってしまう。

　本来，このような制度は出産・子育てを支援する目的で用意されているにもかかわらず，キャリア形成・継続のためにあえて選択しない労働者を生み出している。認可保育所の利用調整ポイントの観点でも，その方が有利な条件になってしまうのはおかしな不整合である。

　企業によって女性社員の比率は異なる。一般的に男性の育児参加が進まなければ，女性社員比率の高い企業ばかりが少子化対策の社会的費用を負担することになる。共働き世帯で母親だけが育児休業を取得することや保育所を利用している子どもが発熱などで呼び出される，看病するため有給休暇を取得するのが母親に偏ることなど，男性社員の比率が高い企業は社会的費用を負担しないフリーライダーになっている。

　これらの観点では，男性・女性問わず子育て支援制度を利用した場合に人事処遇・昇給において不利な取り扱いを禁止する，そして実績として少ない男性の育児参加への奨励策を設けることが望ましい。また，認可保育所の待機児童解消を実現し，地方自治体の利用調整において子育て支援制度の利用が不利にならないような定員拡充が最優先となる。

3.3　育児休業給付充実の落とし穴

　男女が共に仕事と子育て等を両立できる環境の整備，つまりワーク・ライフ・バランスの推進のための施策として，両親ともに育児休業を取ろうという呼びかけがある。両親で所得差がある場合，相対的高所得の配偶者が育児休業を取得すると世帯収入減少幅が大きくなる。割合として男性が相対的高所得の世帯が多いので，育児休業は女性が産前産後休業から引き続いて取得することが多い。

　厚生労働省調査[12]から，第2子以降が生まれる家庭は男性が家事育児に積極的に取組むことが特徴的であることが判明している。男性が育児休業を取得して，家事育児を経験することが少子化対策の上でも重要であると認識されている。そのため，世帯収入の減少という経済的負担を少しでも軽くするため，育児休業の給付金に関して2014（平成26）年4月1日から50％から67％（開始6ヶ月間）まで引き上げた。育児休業給付金は，非課税かつ本人と事業主の社会保険料負担が免除される。いわゆる手取りの可処分所得で考えると，個

人差はあるが従前給与に対する実質的な給付率が8割程度になる。

政府がお勧めする男性の育児休業取得には，待機児童問題を考慮すると落とし穴が存在している。母親が産前産後休業明けに育児休業に入り，合計8ヶ月を取得した後，父親が育児休業を取得するのがお勧めとなっている。

待機児童の前段階として認可保育所への入所が保留になった人がいる地方自治体では，育児休業から復職する予定だったが保育園に入れなかったので育児休業を延長せざるを得なかった人がいる。父親が復職できないのでは困るので母親にまた育児休業を取得してもらおうというのは，制度上細切れに取れないので不可能である。つまり，母親の後から父親が取得して保育所入所を待つのはリスキーな選択と言え，現実的には母親に父親も重ねて両親同時に取得することになる。

4．待機児童解消とその後

政府は250万人分の保育所定員を確保すれば，待機児童が解消するという見通しを立てていたが，その前提は崩れて，目標達成は先送りされた。潜在的な保育サービス需要が次々に顕在化している状況では，明確に達成可能な時期は見通しにくい。

政令指定都市・新潟市のようにほぼ待機児童を解消できている自治体がある。新潟市は保育所定員を増やす施策を続けて，就学前人口の約50％に相当する定員を確保している。2017年に限っては12年ぶりに保護者が求職中の待機児童を2人出してしまったが，解消の目安を示している。保育所を利用せず，3歳以降に幼稚園を利用するケース，3歳未満で家庭保育するケースなどがあり，就学前人口の半数に見合う保育所整備ができれば目標を達成できる可能性がある。

少子化が進行しているのは事実で，都市部のみ保育サービス需要が増えている現状がある。子ども不足の地方においても，就学前児童に集団生活と幼児教育の機会を保障するような施策が必要であり，幼児教育・保育の無償化はそれを後押しするだろう。都市部の保育士不足が理由で，地方出身の保育士が地元を離れて都市部で就労することが増えている。幼稚園と保育所で人材の奪い合いにもなっている。幼児教育・保育の無償化の実施は，都市部と地方で時間差があっても良い。

待機児童が解消し，保育サービス供給が余る時代の撤退計画も検討を始め

るべきだろう。既に地方では最後の拠点としての幼保連携型認定こども園が出てきている。都市部自治体では認定こども園を積極的に誘致する姿勢が見られない。その立地に認可保育所を整備した方が，待機児童解消に役立つからだ。認可外保育所，地域型保育など，サービス供給の調整弁になりそうな事業はある。新たに整備する保育所は，高齢者向けのサービスに転用できるか，その他の活用法を予め想定しておくと過剰な公共投資にならずに済むと考える。

注
1 OECD（2017）
2 子ども・子育て支援法(平成24年法律第65号)第1条
3 児童福祉法(昭和22年法律第164号)第39条(改正平成27年施行)
4 地方自治法(昭和22年法律第67号)第244条(改正平成15年施行)
5 形式的には応募できるが，自治体独自の補助金が利用できないなど，実質的に受け付けない対応が見られた。
6 厚生労働省「保育所等関連状況取りまとめ(平成29年4月1日)」
7 東京都中野区「定期利用保育」，川崎市「年度型限定保育」等
8 総務省(2010)「社会保障関係の地方単独事業に関する調査」
9 鈴木(2012)参照
10 国基準の3号認定3歳未満保育標準時間の保育料最高額は月額10万4千円である。所得割課税額397,000円以上，推定世帯年収1,200万円以上が対象である。
11 内閣官房働き方改革実現推進室資料(第1回働き方改革実現会議2016/9/27)「働き方改革に関する総理発言・閣議決定」
12 厚生労働省「21世紀出生児縦断調査(平成13年出生児)」

参考文献
一般財団法人統計研究会(2017)『平成28年度子ども・子育て支援推進調査研究事業「保育に係る地方単独事業の実施状況及び各種申請様式(利用者→市町村、事業者→市町村)に関する調査」報告書』.
岩男寿美子・加藤千恵(1997)『女性学キーワード』有斐閣.
鈴木亘(2012)「財源不足下でも待機児童解消と弱者支援が両立可能な保育制度改革〜制度設計とマイクロ・シミュレーション」『學習院大經濟論集』48 (4): 237-267.
内閣府『子ども・子育て支援新制度なるほどBOOK平成28年4月改訂版』.
Hall, Douglas T. (1989), "Moving beyond the 'Mommy Track': An Organization Change Approach," *Personnel (AMA)*, v66 n12 p23-26,28-29 Dec 1989.

J.J.ヘックマン著, 古草秀子訳(2015), 『幼児教育の経済学』東洋経済新報社.
OECD (2001), *Starting Strong: Early Childhood Education and Care*, OECD Publishing.
OECD (2006), *Starting Strong II: Early Childhood Education and Care*, OECD Publishing.
OECD (2011), *Starting Strong III: A Quality Toolbox for Early Childhood Education and Care*, OECD Publishing.
OECD (2015), *Starting Strong IV: Monitoring Quality in Early Childhood Education and Care*, OECD Publishing.
OECD (2017), *Starting Strong V: Transitions from Early Childhood Education and Care to Primary Education*, OECD Publishing.

特集：子ども施策の公共選択

公立保育所民営化政策形成過程における政策学習：
東京都国立市を事例として

秋吉貴雄
(中央大学法学部教授)

※本論文は編集委員会の依頼による執筆である。2017年10月26日受理。

1．問題の所在

　本稿の目的は，公立保育所の民営化政策の形成過程においてどのような政策学習(policy learning)が行われ，それが政策選択にどのような影響を及ぼしたか考察することである。

　1990年代から公共サービスの在り方が検討される中で供給形態の多様化が進められ(宮川・山本2009)，保育所において提供される保育サービスも改革の対象となった[1]。保育所については管轄する厚生省(現厚生労働省)によって規制がかけられ，設置主体から運営の細部まで制限されてきた。しかし，少子化対策において保育所の重要性が認識され，厚生省は規制緩和を進めた。1997年6月には保育所制度を規定する児童福祉法が改正され，市町村による措置(措置制度)が廃止された。さらに2000年3月の児童家庭福祉局長通知によって供給形態の多様化が図られた。従来は保育所の設置者は社会福祉法人に限定されていたものの，同通知によって学校法人や株式会社が設置者となることが可能となった。

　一部の地方自治体において公立保育所の民営化が検討される中，「市場化」の流れを加速させたのが2001年4月に誕生した小泉政権であった。少子化対策の議論において保育所に入所できない「待機児童」の問題に対応するため，「待機児童ゼロ作戦」が閣議決定され，保育サービスの質量双方での拡大が目指された。また，同内閣での構造改革では，政府規制の緩和が進められ，保育所への規制も対象となった。さらに，三位一体の改革によって公立保育所の運営費が地方税，地方交付税に税源移譲されて一般財源化されたため，財政難にあった自治体では公立保育所の民営化が本格的に検討されることとなった。

　このように公立保育所の民営化は進められたものの，その実質的内容は限

定的であった。民営化の対象とされる保育所数は限定的であったのに加え，特に問題視されたのが，民営化後の運営主体の選択であった。待機児童問題への対応を図るため，当初は多様な主体によるサービスの供給が期待されていた。しかし，大半の自治体では設置主体は私立保育所を経営してきた社会福祉法人のみに限定された。このような自治体の姿勢は第二次安倍政権での規制改革会議で問題視されたものの[2]，株式会社の参入は不十分なままとなっている。

ここで注目されるのが，東京都国立市における公立保育所民営化政策の形成過程である。国立市では2015年12月から4か所ある公立保育所の民営化の検討が進められ，2016年5月に民営化方針が提示され，11月に民営化のガイドラインも提示された。しかし，その内容を見てみると，民営化される保育所はわずか1か所のみであり，運営主体も社会福祉法人に限定された。残りの3か所の保育所については，2か所は1か所の民営化の検証後に改めて民営化が進められることとなり，1か所は公立保育所のまま維持されることとなった。

以下では，まず，公立保育所制度の特性と改革の経緯について概観し，民営化政策の特性について考察する。次に，国立市における民営化政策形成過程を事例として取り上げ，限定的な政策選択にいたった要因について分析する。そして，事例分析の結果をもとに，結論と含意について考察する。

2．公立保育所制度の概要

2.1 制度創設の歴史的経緯

就学前児童の保育施設である保育所は，同様に児童を預かる幼稚園が「学校」とされるのに対し，「児童福祉施設」とされるように，「福祉」としての側面から制度が創設・運用されてきた。

保育所の原型は明治中期にさかのぼる[3]。当初は都市の労働者向けの各種託児施設であり，生活困窮者への救貧事業・慈善事業として民間の主体によって施設が運営されていた[4]。公的な保育所制度の整備が進められたのは第二次世界大戦終了後であった。戦後の混乱の中孤児が大量に発生し，その対応が問題視された。厚生省に1947年3月に児童局が設置され，11月に制定された児童福祉法をもとに保育所が設置されることとなった[5]。

同法で特に重視されたのが「児童福祉」の理念であった。戦争孤児が大量に発生したため、厚生省は当初は「児童保護」を重視し、戦前から行われていた児童保護事業の強化を図った[6]。しかし、同省から諮問を受けた中央社会事業委員会において強硬な反対案が出され、全ての児童を対象とし、その福祉を保障する法案の必要性が検討された[7]。その結果、児童福祉法においては総則として、1条で「児童福祉」の理念が示された上で、2条で保護者や行政機関の責任が示されることとなった。

この「児童福祉」の理念は公立保育所制度の創設にも影響を及ぼした。児童福祉法での国会審議においても保育所が果たす役割と保育の公的責任のあり方が議論され[8]、児童福祉施設としての保育所の整備が進められた。

2.2 公立保育所の運営体制

「児童福祉施設」として設置される保育所は、児童福祉法39条で「保育を必要とする乳児・幼児を日々保護者の下から通わせて保育を行うことを目的とする施設」とされている[9]。後述する厚生労働省令「児童福祉施設の設備及び運営に関する基準(旧「児童福祉施設最低基準」)」で定められる基準を満たす保育所が都道府県知事によって認可され[10]、いわゆる「認可保育所」となる[11]。

児童福祉法では行政機関の責務についても定められている。市町村に対しては、同法24条第1項で保育を必要とする児童について保育をする義務を定めている。また、都道府県に対しては、保育所の認可を行うとともに、同法46条をもとに保育所の監督指導を行い、改善勧告・改善命令を行うこととなっている。厚生労働省に対しては、同法45条第1項をもとに、保育所の設備と運営に関する基準を設定する役割が与えられている。

保育所の設備と運営に関しては厚生労働省令「児童福祉施設の設備及び運営に関する基準」の32条から36条にかけて基準が定められている。

具体的に、設備については、乳児または満2歳に満たない幼児を入所させる保育所は乳児室又はほふく室、医務室、調理室、便所を設けることとし、満2歳以上の幼児を入所させる保育所は保育室又は遊戯室、屋外遊戯場、調理室、便所を設けることとし、それぞれの設備の面積が定められている[12]。

職員については、保育士、嘱託医、調理員を置かなければならないとされている[13]。さらに保育士の人数は、乳児3人につき1人以上、満1歳以上満3歳に満たない幼児おおむね6人につき1人以上、満3歳以上満4歳に満たな

い幼児おおむね20人につき1人以上，満4歳以上の幼児おおむね30人につき1人以上とされ，保育所一つにつき保育士が2人を下ることはできないとされている。

保育時間については，1日8時間を原則とした上で，その地方における乳幼児の保護者の労働時間その他家庭の状況等を考慮して，保育所長が定めるとしている。

保育内容については，養護及び教育を一体的に行うこととし，具体的内容については，厚生労働大臣が定める指針に従うとされている。

保育所での保育を受けるための手続きについては[14]，まず，児童の保護者が市町村の担当課に対して保育の必要性と必要量の認定申請と保育所入所申請書を提出する。担当課が保育の必要性を認定し，希望保育所が受け入れ可能な場合は入所となる。保育所の定員よりも申請が多い場合は，市町村は公正な方法で選考することとなる。

3．公立保育所民営化の過程

3.1　民営化への流れ

第二次世界大戦後の女性の社会進出にともなって保育サービスへの需要は質量ともに大きく変化し，「無認可保育所」として多様な保育サービスが生み出されてきた（矢野2015）。そのような中でも保育所制度は維持されてきたが，1990年代から制度の根幹が大きく変化することとなった。

少子化が問題視される中，厚生省は「子どもを生み育てる環境」の整備を重視してきた（西岡2012）。その中で保育所の機能が注目され，同制度のあり方が検討されてきた[15]。

保育所制度の改革を進める契機となったのが，1995年から厚生省が進めた「社会福祉基礎構造改革」であった。今後増大・多様化が見込まれる国民の福祉需要に対応するため，社会福祉事業，社会福祉法人，措置制度など社会福祉の共通基盤制度について見直しを行うとし，具体的な改革の方向性として，①個人の自立を基本とし，その選択を尊重した制度の確立，②質の高い福祉サービスの拡充，③地域での生活を総合的に支援するための地域福祉の充実，という3点が掲げられた[16]。

その改革の中で保育所制度における措置制度が問題視された。児童福祉法

24条で市町村が保育を「措置」しなければならないとし，市町村が「保育に欠ける」児童であるかを判断し，行政処分として入所する保育所を「指定」していた。しかし，「措置制度から契約制度へ」と称されるように，行政が特定の施設を指定するのではなく，利用者が施設と契約し，利用者が施設を選択する方式が模索された。そして，1997年6月の児童福祉法改正において同条から「措置」の文字が削除されることとなった。

保育所の経営形態について重要な変化をもたらすこととなったのが，2000年3月30日の厚生省児童家庭局長通知「保育所の設置認可等について」であった。従来は保育所の設置は社会福祉法人に限定されていた。しかし，社会福祉基礎構造改革で「多様な事業主体の参入促進」として「保育所について，待機児童数の状況など地域の需給状況等を総合的に勘案して民間企業など社会福祉法人以外の参入を認めること」とされたため[17]，これを受ける形で同通知が出され，多様な事業者による保育所の経営が可能になった[18]。

この設置主体に関する規制緩和と関連し，保育所の設備・運営についても1990年代後半から各種の規制緩和が行われた[19]。保育所に関しては細部にわたって厳しい基準が設定されていたため，民間企業にとってはそれが一種の参入障壁となっていた[20]。そのため，政府の行政改革推進本部規制緩和委員会では厚生省関連の規制として，保育所制度の緩和が求められた。

その結果，1998年には保育所の定員について年度当初10％，年度途中で15％の超過が認められ，翌年にはさらにその枠が拡大された。また，保育所の職員についても職員全体の2割以内であれば短時間（1日あたり6時間未満または月20日間未満）勤務の職員の雇用が認められ，いわゆるパートタイムでの雇用が可能になった。

さらに，公立保育所の主体である地方自治体においては，1990年代後半からの地方行革の推進も重要な要素となった。地方分権を進めていく上では，地方自治体の財政状況の改善が必要であることが地方分権推進委員会を中心に認識されるようになった。そして，地方分権推進委員会第2次勧告に基づき，1997年11月に自治省（現総務省）は地方自治体に対して「地方自治・新時代に対応した地方公共団体の行政改革推進のための指針」（以下，地方行革推進指針）という通達を行った[21]。

地方行革推進指針では，地方自治体に対して「行政改革大綱の見直しと内容の充実，各年度の取組内容を具体的に示した実施計画の策定」が求められ

た。そこでは，行政改革を推進していくための主要事項として11項目が提示され，その最初の項目である「1.事務事業の見直し関係」の1つに「民間委託等の推進(積極的・計画的推進)」が掲げられた。

3.2 民営化の推進

1990年代から設置主体制限をはじめとして公立保育所制度に関する規制緩和が進められ，民営化に向けた制度条件が整ってきた。また，公立保育所を運営する地方自治体においては財政の健全化が目指され，公共サービス見直しの機運が高まっていた。

そして，民営化を加速させるきっかけとなったのが，待機児童問題の悪化と小泉政権の構造改革であった。

認可保育所に入所待ちする待機児童は1990年代から問題視されていたが，2000年代に入ってからさらにその深刻さが加速してきた。内閣府においても少子化対策の一環として検討が開始され，2001年2月には男女共同参画会議に「仕事と子育ての両立支援策に関する専門調査会」が設置された。同調査会の委員に市場化を強く志向する島田晴雄慶應義塾大学教授や八代尚宏上智大学教授が就任したこともあり[22]，調査会では公立保育所の民営化が議論された。同年6月の最終報告では提言の一つに「待機児童ゼロ作戦－最小のコストで最良・最大のサービスを－」が掲げられ，その中で「保育の拡充は公立及び社会福祉法人立を基盤としつつ，さらに，民間活力を導入し公設民営型など多様化を図る。」とされた。4月に誕生した小泉政権で待機児童問題の解消が重要政策課題の一つとして認識されたこともあり[23]，調査会の最終報告をもとに7月に「待機児童ゼロ作戦」が閣議決定された。さらに，翌年9月に出された「少子化対策プラスワン」でも保育サービスの質量双方での拡大のため，保育所分園の設置，定員弾力化，運営主体の規制緩和，児童福祉施設採点基準の緩和，保育所の民営化が掲げられた[24]。

小泉政権の構造改革では政府規制の緩和が重要政策の一つとなった。内閣府に設置された総合規制改革会議では，公立保育所に関する規制によってコスト高になっていることが指摘され，厚生労働省に対して一層の規制緩和が求められた[25]。

さらに，構造改革での「三位一体の改革」による地方行財政改革は，公立保育所民営化の進展に大きな影響を及ぼした。同改革では国庫補助・負担金，

地方税，地方交付税の見直しが行われたが，その中で国が負担してきた公立保育所運営費も対象の一つとなった。厚生労働省は慎重な姿勢を見せていたものの[26]，同運営費が地方税，地方交付税に税源移譲され，一般財源化されることとなった。これによって地方自治体では公立保育所の運営を一般財源から確保する必要が出てきたため，財政状況が厳しい地方自治体では公立保育所の運営のあり方を再考するきっかけとなった[27]。

3.3 民営化政策のデザイン

このように，大きく，①社会保障構造改革の進展，②規制緩和の進展，③待機児童問題の悪化，④地方行財政改革の進展，といった4つの要因を背景に，2004年前後から公立保育所の民営化の取り組みが一気に進められた。

もっとも，全国各地で民営化の対象となった保育所の児童の保護者によって訴訟が起こされたように，保育所の民営化は大きな反対に直面することとなった[28]。また，各自治体で行われた保育所の民営化についても，運営主体は社会福祉法人に限定する自治体が多く，当初想定された多様な主体による保育サービスの質量双方の拡大とは大きく異なるものとなっている。

民営化は一般的には「（公的部門から私的部門への）経営形態の変更」と捉えられるが，民営化の政策目的には，①政府コントロールの排除，②企業性の付与，③競争の導入・促進，④政府収入の一時的増大，⑤政府支出の削減，という5つがあるように(野村1993)，多義的な側面を有した政策である。実際に，公立保育所の民営化政策を形成する際においても，大きく，①民営化の方式，②運営の主体，③事業者選定のプロセス，④保育の質の確保，という4点において多様な形態があり，各自治体で検討が行われている。

第一の民営化の方式に関しては，大きく，①公設民営，②民設民営，という2つが存在している。

前者の「公設民営」方式は，端的には公立保育所の管理・運営を民間の法人(社会福祉法人，NPO，企業等)に「委託」する方式である。同方式では設置主体は市町村となり，施設は市町村が所有することとなる。

それに対し，後者の「民設民営」方式は，端的には公立保育所を廃止し，民間法人に「移管」する方式である。市町村が所有する保育所施設を民間法人に譲渡することとなるが，土地については貸与するケースが多くなっている。

両者のどちらの方式を採用するかについては，既存の保育所施設の老朽化

等から施設整備が必要な場合には，コストの削減から「民設民営」方式が検討される。もっとも，施設整備の負担は一種の参入障壁となるため，多様な主体の参入による保育を可能にするためには「公設民営」方式が検討される。

　第二の運営の主体に関しては，社会福祉法人に限定するかNPOや民間企業まで拡大するかということが焦点となる。後述する保育の質の確保という点からは私立保育所の運営実績がある社会福祉法人が望ましいとされる。もっとも，コストの削減やサービスの多様性という点では民間企業まで対象を拡大することが望ましいとされる[29]。

　第三の事業者の選定のプロセスに関しては，事業者の選定方法・選定基準とあわせ，利害関係者である保護者の関与のあり方が焦点となっている。前述したように保育所の民営化については各地で保護者による訴訟が生じたため，民営化に向けた保護者への説明とあわせ，事業者選定の際の保護者の関与のあり方について検討が必要となっている。

　第四の保育の質の確保に関しては，その方策の検討が焦点となっている。認可保育所で行われる保育は公立でも私立でも厚生労働大臣告示の「保育所保育指針」をもとに行われるため表面的には同じ内容のサービスとなる。しかし，民営化が検討されてきた当初から，公立では勤続年数の長いベテラン保育士が多いのに対し，私立では比較的若い保育士が多くなっていることが指摘されていた[30]。そのため，実質的には公立と私立で保育の質には差が生じているとみなされ，前述した運営主体の選択とあわせ，民営化後の質の確保の方策の検討が必要となっている。

4．事例の概要と分析の枠組み

4.1　事例の概要：
東京都国立市における公立保育所民営化政策形成過程

　公立保育所の民営化政策の形成過程の具体的事例として注目するのが，東京都国立市における民営化である。

　東京都西部の多摩地域に位置する国立市は，人口7万4558人(2015年1月)，面積8.15km²の東京都内では比較的小規模な自治体である。2015年4月の時点で，国立市では認可保育所としては13の保育所があり，総定員は1213人となっていた[31]。そのうち公立の保育所は4つ(なかよし保育園，矢川保育園，西保育

園，東保育園)であり，定員は各108人で合計432人であった。私立の保育所は9つあり，定員合計は781人となっていた。運営主体については，8つの保育所の主体は社会福祉法人であり，1つは学校法人であった。

　国立市では近隣の府中市や国分寺市のように数百人単位の大規模な待機児童は発生しておらず，2015年4月で57人(旧定義では119人)という規模であった[32]。もっとも，待機児童数は毎年一定程度発生していたため，2010年3月に定められた「国立市次世代育成支援対策行動計画(後期)」や同年5月に定められた「国立市保育計画」をもとに保育所の整備が進められた。さらに，2015年3月に「次世代育成支援対策行動計画」を継承する形で「国立市子ども・子育て支援事業計画」が定められ，保育の量的拡大が図られてきた。

　そして，国立市では後述するように2015年12月から「国立市保育審議会」において，4か所ある公立保育所の民営化の検討が進められた。審議会の答申において2016年5月に民営化方針が提示され，11月に民営化のガイドラインが提示されたものの，限定的な内容となった。民営化されるのはわずか1か所のみであり，民営化後の運営主体も社会福祉法人に限定された。残りの3か所の保育所については，2か所は1か所の民営化の検証後に改めて民営化が進められることとなり，1か所は公立保育所のまま維持されることとなった。

4.2　分析の枠組み：教訓導出としての政策学習

　国立市における保育所民営化政策の形成過程を分析する枠組みとして本稿で用いるのが政策学習，特にその中の教訓導出(lesson-drawing)の概念である。

　政策学習とは，政策分析で得られた知識や過去の政策での経験から得られた知識をもとにした学習であり，1970年代後半から公共政策学や政策過程論において注目されてきた(Bennett and Howlett 1992，秋吉2012)。

　政策学習の対象となる政策知識には，大きく，①理論的知識，②経験的知識，という2つがある。前者はミクロ経済学といった特定の専門理論をもとに「正当化」された知識である。政策の原理や手段を構築する知識となる。主に専門家を中心とした理論の学習や政策分析によって得られるものである。それに対して，後者は政策現場での実践という経験によって「正当化」された知識であり，政策を形成・実施していくうえでの実務的知識である。政策担当者を中心とした実務家の経験の学習によって得られるものである。

政策学習において,特に経験的知識の学習過程について注目したのが,リチャード・ローズ(Richard Rose)が提示した教訓導出の概念である(Rose1991, 1993)。

ローズは時定の政策問題に直面した担当部局が同様の問題に直面した他政府について学習することを指摘した。そこでは,他政府において形式・実施された政策が学習の対象とされるが,その政策の内容だけでなく,どのような成果が社会にもたらされたかということについても学習の対象となるとされる。また,単なる成功例だけでなく,失敗教訓(negative lesson)も含めて考察されるとしている。そして,その学習の結果,自身の政策対応を選択するが,他政府の政策をそのまま移転する形態から,他政府の政策を単に刺激として捉え全く異なる政策を形成する形態まで多様なものがあるとしている[33]。

ローズが示した教訓導出の概念では学習に影響する要因とそのメカニズムが不明確であるが(秋吉2007),教訓導出も含んだ政策学習に影響を及ぼす制度的要因として,①政策形成及び決定が行われる「場」である「政策決定の場(policy venue)」(Baumgartner and Jones 1991),②特定のアクターが政策決定において拒否権を行使できる段階である「拒否点(veto points)」(Immergut 1990),③現在の制度に痕跡を残す過去の制度である「政策遺産(policy legacies)」(Weir and Skocpol 1985),という3つが指摘される(秋吉2012)。

5.事例分析

5.1 問題の認識

国立市では前述のように近隣の自治体よりも待機児童数が少ないこともあり,公立保育所の民営化には積極的ではなかった。2009年9月には市長から「国立市の保育行政のあり方について」という諮問を受け,「国立市保育審議会」で審議が行われた。8回の審議を経て2010年3月に同審議会から市長に提出された答申では,公立保育所の民営化については賛成反対双方の意見が提示された上で「在園児やその保護者,職員等への影響について詳細に調査研究し,関係者の声を丁寧に聞き取る等,充分に配慮がなされる必要があります。」と述べるにとどまった[34]。そして,同年5月に策定された「国立市保育計画」においても「5今後の課題」で,保育審議会で公立保育所の民営化について様々な意見が出されたことを紹介するにとどまっていた[35]。

しかし，国立市の危機的な財政状況が保育所民営化の検討を促すこととなった。国立市は市税収入の伸びに対し義務的経費の伸びが大幅に上回り，250億円規模の予算額に対し，毎年度10億円規模の財源不足が生じていた[36]。2011年4月の市長選において元市福祉部長であった佐藤一夫が現職を破って当選すると，行財政改革に向けた検討が進められることとなった[37]。2012年3月に市の財政に関する事項について調査及び審議を行う附属機関として「国立市財政改革審議会」が新たに設置された[38]。同審議会は財政学を専門とする田近栄治・一橋大学教授を会長とし，市長からの，①国立市財政の基本的なあり方について，②財政健全化のための具体的方策，③今後の各種市民負担の見直しに係るルールについて，という諮問事項について審議が行われた。

同審議会では財政健全化に向けた視点として，①行政の徹底的な合理化，②特別会計の健全化，③補助金・負担金等の見直し，④行政サービスと事業の適正な負担，⑤市民サービスの向上・効率化，⑥市民の福祉向上と魅力あるまちづくり，という6つが設定され，具体策が検討された。公立保育所の民営化は「市民サービスの向上・効率化」の一環として議論が進められた。

2012年8月に同審議会から提出された中間答申では，市の財政状況から，財政負担が大きい公立保育所を私立保育所に移行すべきであるとした[39]。そこでは，保育所の民営化は多摩地域各市でも多くの実績があるのに対し，国立市は大きく遅れを取っていると指摘された[40]。さらに，2013年3月の最終答申では，市職員のうち保育士が占める割合が17.7％となり，類似団体の9.9％と比較して高くなっていることが指摘された[41]。そして，公立保育所と私立保育所の年間運営経費の試算結果の比較から，民営化によって2億4704万円の健全化効果額が見込まれることが指摘された[42]。

5.2 場の設定

財政改革審議会の最終答申に対して佐藤市長は「できるだけ趣旨に沿っていきたい」と述べ[43]，同答申をもとに財政健全化に取り組むこととなった。保育所の担当部局である「子ども家庭部児童青少年課」は民営化に向けた検討を進めた。そして，民営化の方向性及び具体策について保育審議会に諮問が行われることとなり，同審議会が政策案を検討する中心の場となった。

同審議会では「子ども家庭部」を事務局とし，新たに10名の委員が選出された。学識経験者の区分では，保育学，児童学を専門とする新開よしみ・東

京家政学院大学教授と財政学，公共経済学を専門とする竹内幹・一橋大学准教授の2名が選出された。児童委員の区分では，国立市民生委員・児童委員協議会子育て支援部会部長の1名が選出され，保育園・幼稚園保護者の区分では，国立市私立幼稚園PTA連合会代表，公立4園保護者会代表，国立市私立保育園保護者連絡会代表の3名が選出された。保育園・幼稚園施設長の区分では，国立市私立保育園園長会代表，国立市私立幼稚園協会代表，公立保育園園長会代表の3名が選出され，さらに公募選出の区分で，市民委員の1名が選出された。そして，2015年12月に開催された第1回審議会で新開が会長に互選され，新開の指名によって竹内が副会長に選出された。

　審議会への諮問書の「諮問理由」において市は「今後，待機児解消や必要とされる保育サービスの更なる充実と提供を進めるため，限られた財源のなかにおいて，公が提供しているサービスの役割を見直しながら，民が提供できるものは民に移行し，そこから生まれる効果を最大限に活用することで持続可能なサービスを提供する必要があります。」と述べた上で，審議会への諮問事項として，①公立保育園の民営化についての基本的な考え方，②公立保育園の民営化の方法について，③公立保育園民営化ガイドラインの作成について，④その他公立保育園の民営化に必要な事項について，という4つが挙げられた。

5.3　民営化方針の策定

　保育審議会では，第2回から第8回の審議会において，「①公立保育園の民営化についての基本的な考え方」，「②公立保育園の民営化の方法」という2つの項目について議論が進められることとなった。事務局が議論のための論点を整理し，資料を提供したが，第1回審議会において委員から民営化を行った他の自治体について，成功例，失敗例も含めて中立的な情報を提供して欲しいという発言があったため[44]，他の自治体での民営化の教訓が参照されることとなった。そして，第2回審議会で事務局が示したのは東京都多摩地区の市町村での取り組み例と東京都世田谷区の区立保育園民営化検証結果報告書であった[45]。

　審議会での議論に特に影響を及ぼすこととなったのが，世田谷区の民営化検証結果報告書であった。審議会事務局は世田谷区の事例をもとに第3回審議会において「他自治体事例にみる民営化において必要な視点―世田谷区例

から―」として，民営化を検討する上での視点を提示した[46]。具体的に，①民営化の背景，基本的な考え方，目的，②民営化のガイドライン，③民営化による多様な保育ニーズへの対応，④民営化による保育サービスの活性化と質の向上，⑤民営化による行政運営の効率化，⑥民営化へのプロセス，⑦民営化における総体的な視点，という7つが挙げられた。この7つの視点をもとに民営化の基本方針の検討が進められ，第4回審議会では東京都東久留米市と横浜市における民営化も参照事例として追加された。

そして，第5回審議会では，民営化の具体的な移行形態として，①社会福祉法人へ公募により運営主体を移管，②市が財団法人，社団法人等を設立し運営主体を移管，③市が社会福祉協議会に運営主体を移管，という3つが示され[47]，第6回審議会にかけて検討された。

第一の形態については「実績のある社会福祉法人」と限定して移管した東京都狛江市の事例が紹介され，国立市においても従来の計画との関係から「実績のある社会福祉法人」に限定して公募することとされた[48]。第二の形態については東京都武蔵野市と東京都三鷹市の事例が紹介され，市との協定締結によって市の関与と保育の質の確保が可能になる「公私連携型保育所」とすることとされた。第三の形態については愛知県碧南市の事例が紹介され，社会福祉協議会と連携して「公私連携型保育所」とすることが可能になるとされた。

審議会で特に議論の中心となったのが，民営化する保育所とその方法（形態）であった。各委員が事務局に対して提出した「見解」では[49]，1園ずつ民営化を実施するのが望ましいという意見が多く，それとあわせて地域保育のネットワーク拠点として1園は公立として残すという意見が出された。また，民営化の方法（形態）については，前述した形態2（市による法人の設立）が望ましいとする意見が多かったものの，市の負担と民営化までの時間を問題視する意見も出された。

第6回と第7回審議会の間の2016年4月19日には審議会で民営化された近隣の保育所への視察も行われ[50]，これらの検討をもとに第7回と第8回審議会において中間答申の具体的な内容が検討された。

5月12日に市長に提出された中間答申では，①民営化の基本的な考え方，②民営化の方法，③提言，という3つが示された。

まず，民営化の基本的な考え方については，中間答申では，子育て家庭に

対する支援を充実させるために公立保育所の民営化を行うとした。そして，その目的を達成するための視点として，①保育サービスの活性化と質の向上，②行政運営上の効果，③民営化のプロセス，④民営化における総体的な視点及び留意点，という4つが挙げられた。

次に，民営化の方法については，中間答申では，私立保育所が公立に先んじて創設され，保育の基盤づくりや地域の子育て支援を担ってきた実績があるため，まず公立保育所1園を保育所の運営実績がある社会福祉法人に「移管」(民設民営)することが最良な方法であるとされた[51]。

また，公立保育所の実績を活かし，先導的機能を持たせるため，1園は公立として存続させるとした。残りの2園については，社会福祉法人への移管の効果を検証・評価した上で，財団の設立による移管か，社会福祉法人への移管を行うとした。そして，民営化の取り組みは，「子ども・子育て支援事業計画」の期間である2015年度から19年度の間に着手するとした。

最後に，民営化を進めていく上での提言については，中間答申では，①公立保育園が果たしてきた役割の継承，②市全体の保育システムに係る市の先導的な役割の発揮，③子育て支援施策充実のための財政的効果の活用，④市と事業者が連携した支援の実施，⑤子どもの環境変化への配慮と保護者に対する丁寧な対応，という5つが挙げられた。

5.4 民営化ガイドラインの策定

中間答申後の第9回から第12回の審議会においては，民営化ガイドラインについて議論が進められた。そこでは，具体的に，①ガイドラインの理念，②ガイドラインの目的，③民営化の目的，④民営化の進め方，⑤対象園の選定と実施時期，⑥民営化の手法，⑦引き継ぎ，⑧民営化後，⑨苦情処理，⑩転園希望，⑪職員の処遇，という11項目についての検討が行われた[52]。各項目について事務局から他の自治体での記載状況が紹介されたが，そこで取り上げられたのは，立川市，府中市，小平市，日野市，東村山市，国分寺市，狛江市，稲城市，羽村市，世田谷区の自治体であった。

検討過程においては，特に「⑥民営化の手法」について，事業者の選定基準等をどこまで具体的に示すかといったことや，事業者選定委員会に保護者をどのような形で参加させるかといったことが議論となった。

そこでは，様々な自治体例が紹介されていたように，特定の自治体をモデ

ルにするのではなく，多くの自治体を参考にしながら検討された。例えば，事業者選定委員会への保護者の参加については，保護者が入っている自治体（立川市，府中市），保護者の意向を聞く形をとる自治体（日野市，東村山市），保護者が推薦する学識経験者を委員に加える自治体（国分寺市）といった多様な例をもとに検討が進められた[53]。

そして，2016年11月10日に副市長に提出された最終答申では，民営化の方式を「民設民営」とした上で，運営主体は認可保育所の運営実績が6年以上ある「社会福祉法人」とした。事業者の選定にあたって，市は「事業者選定委員会」を設置するとし，学識経験者，保育現場経験者を含む市職員等により構成することとした。議論となっていた民営化対象保育所の保護者については，「オブザーバー委員」として参加するとし，また，「事業者選定委員会」に保護者会が推薦する学識経験者を参画させることができるとし，委員会でも保護者からの意見を伺う機会を設けるとした。事業者の選定基準については細かい基準が設定されたが，そこでは当該保育所の運営能力だけでなく，地域の子育て家庭全体の保護者支援に積極的であることや，地域貢献の実績があることも挙げられ，また，保護者・事業者・市による「三者協議会」に誠実に参加し，保護者・市と協力することも求められた。

6．まとめ

保育サービスの質量双方の拡大の必要性の認識と地方自治体の財政制約から公立保育所の民営化は進められてきたものの，当初想定されていた多様な主体による多様なサービスの実施は実現されず，限定的な民営化にとどまった。

東京都国立市においても，行財政改革を志向する市長のもと公立保育所の民営化が検討され，財政改革審議会の答申では市の危機的な財政状況から4つの公立保育所すべての民営化が求められた。しかし，保育審議会の答申は大きく異なり，民営化される保育所はわずか1か所のみであり，その運営主体も社会福祉法人に限定された。残りの3か所の保育所についても，2か所は1か所の民営化の検証後に改めて民営化に着手されることとなり，1か所は公立保育所のまま維持されることとなった。

民営化政策形成過程の分析結果から示されるように，同市の政策の選択に影響を及ぼしたのは他の自治体での民営化政策とその教訓であった。そこで

は，財政効果よりも保育の質の確保が重視され，前述したように民営化の対象保育所の数と運営主体は限定的になった。

その学習の過程においては，学習を制約する3つの制度的要因のうち，①政策決定の場，②政策遺産，という2つの要因が影響を及ぼした。政策決定の場となった保育審議会では財政学・公共経済学を専攻する学識経験者は1名含まれていたものの，委員の大半は保育所・幼稚園の関係者であった。また，特に運営主体に関する議論では，事務局からは過去の政策との関連が指摘され，社会福祉法人に限定されることとなったのであった。

注

1 後述するように，保育所には設置基準を満たした「認可保育所(公立，私立)」と基準を満たしていない「認可外保育所」が存在している。以下では「保育所」を「認可保育所」を示すものとして使用している。
2 『AERA』2013年11月4日号
3 1997年の児童福祉法改正までの保育所制度の歴史については，矢野(2015)が詳しい。
4 矢野(2015) pp.17-18
5 矢野(2015) p.22
6 中村(2009) p.77
7 中村(2009) p.77
8 中村(2009) pp.80-83
9 保育所制度の詳細については，全国保育団体連絡会・保育研究所(2016)を参照されたい。
10 2011年の地域主権改革一括法により，保育所の設備運営の基準については厚生労働省令に基づき都道府県が条例で制定することとなった(全国保育団体連絡会・保育研究所2016, 33-34)。
11 私立の保育所については都道府県への届出・認可の手続きが必要とされている。また，認可を受けていない施設は「無認可保育所」となる。
12 さらに，2階以上に位置する保育所については避難用設備の基準も定められている。
13 ただし，調理業務の全部を委託する保育所では，調理員を置かないことができるとされている。
14 全国保育団体連絡会・保育研究所(2016) p.29
15 1992年6月には厚生省児童家庭局に局長の私的諮問機関「これからの保育所懇談会」が設定され，議論が進められることとなった(矢野2015, pp.117-119)。
16 厚生省(1999)「社会福祉基礎構造改革について(社会福祉事業法等改正法案大

綱骨子)」(http://www1.mhlw.go.jp/houdou/1104/h0415-2_16.html)
17　厚生省(1999)「社会福祉基礎構造改革について(社会福祉事業法等改正法案大綱骨子)」(http://www1.mhlw.go.jp/houdou/1104/h0415-2_16.html)
18　さらに，2001年11月には児童福祉法が改正され，そこでは市町村の公有財産の貸付けによる保育所整備の促進が目指された。同法56条7項では市町村は公有財産の貸付け等によって社会福祉法人その他の多様な事業者の能力を活用した保育所の設置又は運営を促進することが求められ，民間企業等の参入が目指されることとなった。
19　1990年代後半からの保育所制度の規制緩和の詳細については鈴木(2004)，全国保育団体連絡会・保育研究所(2016)を参照されたい。
20　また，私立保育所からも，保育所入所の煩雑な手続きから複合施設化の障壁まで規制緩和に向けた様々な要望が出されていた(横山1999, pp.416-417)。
21　自治省も同様の認識から1994年10月に「地方公共団体における行政改革推進のための指針」という通達を行っていた。
22　二宮(2003) pp.26-27
23　小泉は2001年4月の第153回国会での所信表明演説において歴代総理大臣として初めて待機児童問題とその解決の必要性に言及した(鈴木2004, p.5)。
24　泉(2005) p.6
25　鈴木(2004) p.15
26　鈴木(2004) p.15
27　また，同改革では民間保育所に対する国及び都道府県からの運営費の補助は残されたため，公立保育所の民営化が市町村の財政負担を軽減する構造が生み出されとされる(関川2017, pp.3-4)。
28　訴訟の詳細については，関川(2017) pp.7-10を参照されたい。
29　例えば2001年にベネッセコーポレーションに公立保育所の委託を行った三鷹市では，コスト面とあわせ同社の研修体制の充実が選定の決め手の一つとなったことが指摘されている(島田2003, pp.90-91)。
30　保育行財政研究会(2000) pp.38-41
31　認可外保育所については，東京都の独自の基準による「認証保育所」が2園(定員合計54人)，「家庭的保育事業所」が3施設(定員合計9人)であった。また，幼稚園は10園(定員合計1772人)であった。
32　待機児童の定義は2001年度から変更され，それ以前を「旧定義」，変更以降を「新定義」としている。「新定義」では，①入所可能な保育所が他にあっても特定の保育所への入所を希望して待機している児童，②自治体の単独施策によって対応している児童，という2つの児童数が待機児童数から除外されることとなった(泉2005, p.4)。
33　具体的には，①特定の政策をそのまま移転する「模倣(copying)」，②特定の政策を自分達の社会の文脈に合うように修正して採用する「適合(adaptation)」，③二つ

の政府から政策要素を組み合わせる「合成(making a hybrid)」，④様々な国の政策要素をもとに新しい政策を形成する「統合(synthesis)」，⑤他政府での政策を刺激として新しい政策を形成する「刺激(inspiration)」という5つが挙げられている。
34 「国立市保育審議会答申(2010年3月)」p.8
35 「国立市保育審議会答申(2010年5月)」p.7
36 「国立市財政改革審議会中間答申(2012年8月)」p.2
37 佐藤は選挙時から行財政改革の意向を強く示していた(朝日新聞2011年4月19日朝刊)。
38 同審議会は学識経験者4名，市民委員8名で構成された。尚，学識経験者には財政学・公共経済学を専門とする2名と信用金庫事業部長1名，会計事務所所長1名が選出された。
39 「国立市財政改革審議会中間答申(2012年8月)」p.18
40 「国立市財政改革審議会中間答申(2012年8月)」p.18
41 「国立市財政改革審議会最終答申(2013年3月)」p.29
42 「国立市財政改革審議会最終答申(2013年3月)」pp.29-30
43 朝日新聞(2013年8月22日朝刊)
44 第1回国立市保育審議会会議録pp.18-19
45 第2回国立市保育審議会資料5，資料6
46 第3回国立市保育審議会資料1
47 第5回国立市保育審議会資料2
48 第5回国立市保育審議会会議録p.16。また委員からも民間企業による保育の質を懸念する意見が出されていた(第6回国立市保育審議会会議録p.15)。
49 第6回国立市保育審議会資料4
50 東京都小平市の保育所を審議会で訪問し，①私立保育園への移行状況について，②三者協議による準備内容，③合同保育期間の課題，について議論を行った。
51 審議会では，まず1か所を先に民営化する方針にしたことから，経営面から形態2の財団の設立は困難ではないかという意見が出されていた(第7回国立市保育審議会会議録pp.17-18)。
52 第9回国立市保育審議会資料1，資料2。また，「⑥民営化の手法」については，方式，運営主体，財産，事業者の募集方法・選定方法・選定基準，募集方法，事業者の決定と公表，移管のスケジュール，の具体的項目が検討された。「⑦引き継ぎ」については，移管計画の策定，保育内容の敬称，三者協議，合同保育，市による支援及び進行管理，の項目が検討された。「⑧民営化後」については，三者協議の継続，評価と公表，市の確認・点検・支援，の具体的項目が検討された。
53 「第9回国立市保育審議会会議録」pp.2-4

参考文献
秋吉貴雄(2007)「政策移転の分析枠組みの構築に向けて」『熊本大学社会文化研究』

(5):1-14.
秋吉貴雄(2012)「政策学習論の再構築に向けて」『熊本大学社会文化研究』(10):1-16.
泉眞樹子(2005)「我が国の保育の現状:規制緩和,待機児童,学童保育を中心に」『調査と情報』(490):1-11.
島田勉(2003)「株式会社への保育園運営委託の検証」『事例研究自治体現場の最前線に学ぶ講演録』財団法人大阪府市町村振興協会
鈴木尚子(2004)「保育分野の規制緩和と改革の行方」『レファレンス』54(4):5-27.
関川芳孝編著(2017)『公立保育所の民営化:公共性の継承をめぐって』大阪公立大学共同出版会
全国保育団体連絡会・保育研究所(2016)『保育白書2016年版』ひとなる書房
田村和之(2004)『保育所の民営化』信山社
田村和之(2007)『保育所の廃止』信山社
中村強士(2009)「「子ども家庭福祉」概念の検討」『佛教大学大学院紀要社会福祉学研究科篇』(37):71-88.
西岡晋(2012)「福祉国家再編政治のミクロ解釈学:厚生官僚制による「少子化アジェンダ」フレーミング」『金沢法学』55(1):1-32.
二宮厚美(2003)『構造改革と保育のゆくえ:民営化・営利化・市場化に抗して』青木書店
野村宗訓(1993)『民営化政策と市場経済:イギリスにおける競争促進と政府介入』税務経理協会
保育行財政研究会(2000)『公立保育所の民営化:どこが問題か』自治体研究社
宮川公男・山本清編著(2009)『行政サービス供給の多様化』多賀出版
矢野雅子(2015)「戦後日本の保育所制度の変遷:児童福祉法1997年改正までの軌跡を中心に」明治大学大学院政治学研究科博士学位請求論文
横山由紀子(1999)「保育における規制緩和と民営化」『季刊社会保障研究』34(4):413-420.
Baumgartner, F. R. and Jones, B. D. (1991) "Agenda Dynamics and Policy Subsystems," *Journal of Politics*, Vol.53, pp.1044-1074.
Bennett, C. J. and Howlett, M. (1992) "The Lessons of Learning: Reconciling Theories of Policy Learning and Policy Change," *Policy Sciences*, Vol.25, pp.275-294.
Immergut, E. M. (1990) "Institutions, Veto Points, and Policy Results: A Comparative Analysis of Health Care," *Journal of Public Policy*, Vol.10, pp. 391-416
Rose, R. (1991) "What is Lesson-Drawing" *Journal of Public Policy*," Vol.11, pp.3-30.
Rose, R. (1993) *Lesson-Drawing in Public Policy: A Guide to Learning across Time and Space*, Chatham House
Weir, M. and Skocpol, T. (1985) "State Structure and the Possibilities for Keynesian Responses to the Great Depression in Sweden, Britain, and The United States" in

Evans, P. B., Rueschemeyer, D. and Skocpol,T. eds. *Bringing the State Back In*, Cambridge University Press, pp.107-168.

*　本稿は櫻田會第35回政治研究助成による研究成果の一部である。

特集：子ども施策の公共選択

子ども施策の供給主体に関する検討とコミュニティの意義

矢口和宏
（敬愛大学経済学部教授）

※本論文は編集委員会の依頼による執筆である。2017年10月27日受理。

1．はじめに

　日本にとって少子化対策は重要な課題である。国立社会保障・人口問題研究所による平成29年将来人口推計によれば，日本の総人口は2065（平成77）年には8,808万人と推計されている（出生中位・死亡中位推計）。2015（平成27）年国勢調査による総人口は1億2,709万人であるから，この推計を元にすれば，日本は今後50年の間で総人口がおよそ3分の2になるという結果をあらわしている。しかも平成29年推計は，近年の30歳～40歳代の出生率上昇の実績を受け，合計特殊出生率を1.44として推計されたものであるから，現在の時点においては，ここで得られた推計人口を上回る想定をすることは難しい。

　今以上に少子化が進むことは，様々な問題を引き起こす。それは，潜在成長率の低下といったマクロ経済的な問題から，社会保障財政に与える影響，さらには人口減少によるまちの過疎化といった地域問題にも影響を与える。地方消滅や地域コミュニティの崩壊といったことが現実味を帯びてしまう可能性さえ生じる。

　本稿は，少子化のうちの子ども施策に関わる問題をとりあげる。特に，子ども施策によって提供されるサービスを準公共財としてとらえ，その供給主体に関する議論を行う。さらには，コミュニティに注目し，その子育て環境への影響についても論じる。本稿の構成は以下のとおりである。

　引き続く2章は，子ども施策の変遷を示す。3章では出生の経済理論を整理し，子ども施策は個人の選択と整合性をもつ必要性を示唆する。4章は，子ども施策によって提供されるサービスの供給主体の問題を論じている。ここでは，福祉ミックス論や福祉トライアングルの視点を重視し，「契約の失敗」の議論からインフォーマル部門の重要性を主張する。5章はインフォーマル部門のなかのコミュニティに注目し，その子育て環境に与える影響を考察し，

「農村型コミュニティ」の潜在的な可能性について言及する。そして，6章は本稿のまとめである。

2．子ども施策の変遷[1]

子ども施策は戦前の救貧的かつ選別的なものから始まり，社会構造の大きな変化を受け，より普遍的なものへと展開していった。この背景には高度経済成長のもとで，子どもをとりまく環境が大きく変化したことがあげられる。戦後の工業化の進展は，都市への人口集中，核家族化の進行，共働き世帯の増加を伴うと同時に，従来から存在していた地縁・血縁関係に代表されるコミュニティ機能が希薄になり，家庭の養育機能の弱体化が懸念されるようになった。

この時期より児童の健全育成の重要性が注目されると同時に，女性の社会進出が増加したこととあいまって，保育所の整備が進められていった。現金給付による援助としては，1971年に児童手当制度が創設され，子育てに関する家計の経済的負担の軽減策が導入された。戦後から高度成長期を経る段階での子ども施策の視点は，救貧，健全育成に重点が置かれ，子どもの数自体が少ないという問題はほとんど重視されなかったし，人口構造をふまえれば，重視する必要もなかった。

少子化問題が顕在化したのは，1990年に前年の合計特殊出生率が丙午の1966年の値を下回り「1.57ショック」と呼ばれたことが契機である。それを受け，1994年に発表され，翌年から実施されたのが「エンゼルプラン」であった。このプランでは，子育てと仕事の両立を支援するために多様な保育サービスを充実させることや，家庭における子育て支援のための地域子育て支援センターの大幅拡充が目標にかかげられた。さらには，待機児童対策も導入され，待機児童が広く社会的な問題として認識され始めた。

その後，エンゼルプランは「緊急保育対策等五ヵ年事業」として，低年齢児保育（0～2歳児）や時間延長型保育等の数値目標がかかげられ，1999年度を目標にそれらの拡大を進めていくことになったが，十分な成果を残すことはできなかった。

エンゼルプランの後も「新エンゼルプラン」（2000～04年），「子ども・子育て応援プラン」（2005～09年）」，「子ども・子育てビジョン」（2010～14年）が策定され，2015年度には「少子化対策大綱」が閣議決定された。子ども・

子育てビジョンでは政策4本柱と12の主要施策がかかげられた。そのうちの柱のひとつは,「多様なネットワークで子育て力のある地域社会へ」であり,主要施策として,①乳児の全戸訪問等(こんにちは赤ちゃん事業等),②地域子育て支援拠点の設置促進,③ファミリー・サポート・センターの普及促進,④商店街の空き店舗や学校の余裕教室・幼稚園の活用,⑤NPO法人等の地域子育て活動の支援,といった地域のコミュニティ機能を積極的に活かした施策があげられている。

また,待機児童対策に焦点を当てれば,2001年には「待機児童ゼロ作戦」が制定された。その後も「新待機児童ゼロ作戦」(2008年),「待機児童解消加速化プラン」(2013)が実施されていった。

近年の子ども施策に関わる大きな政策的な話題は,安倍晋三内閣が2015年に示した「アベノミクス新・三本の矢」である。ここでは,第二の矢として「夢を紡ぐ子育て支援」が示され,「希望出生率1.8」の実現がかかげられた。希望出生率は地方消滅で話題になった増田寛也(2014)で取り上げられた概念であり,夫婦の理想子ども数などから得られた数字をもとにして算出した,国民の希望する出生率のことである[2]。政府が公式に出生率の数値目標をかかげたのは画期的なことであり,それだけ少子化問題が深刻になっていることを示している。

ただ,国が数値目標をかかげることに対しては非常に強い警戒がある。それは,戦中期の日本やチャウシェスク政権時代のルーマニアのように,出生を半ば強制的に強いるようなことは個人の選択という観点から許容できるものではないし,非現実的である。そのため,個人や家族の自主的な選択にもとづき,どのような要因で出生が決定されるかを確認することは,子ども施策の政策決定においては重要になる。そこで次章では,出生に関する経済理論をとりあげる。経済学は選択の科学であるがゆえに,自主的な選択にもとづいた出生を検討するうえで経済理論は有益な示唆を与える。

3. 出生の経済理論の概要

3.1 マルサスの人口論

子どもの出生に関わる経済理論の先駆的な業績としては,トマス・マルサスの『人口論』があげられる。マルサスは2つの自明といえる前提を置くこ

とから議論を始める。それは，①人が生きていくためには食料などの生存資料が必要不可欠である，②男女両性の性欲は今日同様いつまでも大きく変わることはない，である。そこから，人口の変動は生存資料の多寡に依存すると考えた。そして，食料は算術級数的にしか増加しないが，人口は幾何級数的に増加するので生存資料は不足するという有名な命題が得られる。

マルサスの説を現代風に解釈すれば，景気が良くなって人々の所得が高まり，食料や衣料などの生活物資の供給が豊かになると出生率が高まるということであるが，その後の歴史的事実の展開は異なった方向に動いた。それは，日本に限らず先進国では出生率が低下して子どもの数が減少していること，その反対に一部の発展途上国では，高出生による人口増加が貧困の大きな原因になっていることからも明らかである。

3.2 便益・費用アプローチ

通常の経済学では経済主体の意思決定を便益と費用の比較から分析する。この方法を子どもの出生に当てはめれば，それは子どもをもつことの便益と費用を比較し，便益が費用を上回れば子どもを産み，便益が費用を下回れば子どもを産まないというものである。そのため，子どもの便益と費用を列挙していくことで，出生の動向を予想することが可能になる。

子どもをもつことから得られる便益としては，子どもそのものから受ける便益のほか，子どもを育てることの喜び，子どもに老後の扶養をしてもらう便益，家計の労働力としての便益，といったものがあげられる。子どもをもつことの費用としては，機会費用の考え方を適用することで導かれる。それは，出産・育児期間における女性の所得獲得機会やキャリア形成機会の喪失，子育てにかける時間を要することによる余暇の喪失，本来であれば自由に使えた金銭が子どもの養育や教育のために回ってしまうことである。

これらの便益と費用を比較すれば，経済発展が進むほど子どもをもつことの便益が低下し，費用が上昇していくことが示される。社会保障制度の充実は老後の扶養機能を低下させるし，工業化の進展は家計の労働力としての役割を低下させる。その一方で，女性の社会進出が進めば，出産・育児期間の所得やキャリア形成機会を失うことは多大なものとなるし，子供の教育にお金がかかるほど，本来自由に使える金銭は減少する。この便益と費用によるアプローチは，日本の少子化を説明するうえでは有力なアプローチである。

3.3 耐久消費財としての子ども

　合理的選択という視点からの分析を徹底したものには，ゲイリー・ベッカーらのシカゴ学派のアプローチがある。ベッカーは，子どもを耐久消費財としてとらえることで，家計内生産の理論を展開した[3]。

　この理論では，子どもは親にとって効用をもたらす存在であり，それは長い期間にわたって効用をもたらすので耐久消費財と同様の性格を持っているものとした。そして，親の所得が増加すれば，子どもがもたらす効用への需要も大きくなると考え，子どもは正常財であるとみなした。しかし，子どもが正常財であれば，所得の上昇に応じて子どもの数が増加するので，通常みられる傾向とは逆の結論が得られる。

　そこでベッカーやウィリスは，親が需要するのは子どもの数ではなく質であるとの議論を展開した。親は子どもの質を高めることからより高い効用を得るというものであり，子どもの質を高めるにはより多くの資源を教育などの形で投資することが必要であると説いた。このことから，子どもへの所得効果は正であるが，質への需要を考慮すれば所得の増加によって子どもの数が増加するかどうかは一義的にいえないという結論が導かれる。

　ベッカーらの説明は子どもが正常財であっても，親の所得と子どもの数が正の関係をもちえないことを理論的に示したことでは有益であった。しかし，清家篤(1992)が指摘しているように，「親が子どもつくるという経済的なメカニズムや要因を必ずしも説得的に明らかにしたとはいえない。子どもの質という抽象的な概念ですべてのつじつまを合わせようとしたところに限界があった」という批判も存在する[4]。

　以上，出生に関する経済理論を概観してきたが，そこから得られる政策的なインプリケーションは子どもをもつことの便益を高めるか費用を低めるかである。児童手当の拡充は子育て家庭への経済的支援であり子どもをもつことの費用を下げる。また保育園の充実や出産・育児休暇の拡充は女性の就労機会の確保やキャリア形成の維持に貢献する。さらには，近年議論になっている教育の無償化は子どもを育てることの費用を減少させる。特に子どもの質に重点をおけば，質と教育の高さが比例するものと考えれば，子どもにより高い教育機会を与えようとする親の行動は合理的なものとなる。その意味でも教育の無償化は，学生やその家族の経済的な負担を和らげるだけでなく，

子育て支援にも役立つものといえる。

次章では，子ども施策のうちの保育サービスや学童保育を準公共財ととらえ，その供給主体についての検討を行う。

4．子ども施策の供給主体についての検討

4.1　福祉ミックス論

子ども施策は児童手当のような現金給付のものを除けば，その多くは現物給付によって実施される。特に，子ども施策のうちの保育サービスや学童保育は排除的で競合的であるから，物理的には私的財としての性質をもっている。ただそれらは，福祉サービスとしての価値財(merit goods)であると同時に，これからの社会を担う子どもの育成という意味での外部性をもつことから，準公共財としての性格を保持している。このような特徴は，高齢者介護サービスと同様である。

福祉サービスの供給にあたっては，公共部門，市場部門に加えインフォーマル部門を加えて最適供給主体の議論を展開するのが福祉ミックス論である。丸尾直美・荘発盛(2014)によれば，福祉ミックス論を最初に提唱したのはRose・Shiratori (1986)である。リチャード・ロウズは福祉ミックスを政府＋市場＋インフォーマル部門という形で表現した。また，丸尾(1984)では日本の福祉ミックスを図1のようなベン図で表現している。

福祉ミックス論は，経済政策論のポリシー・ミックス論の社会経済システムへのアナロジカルな適用である。この図が表現するのは福祉サービスの供給主体は，政府，市場，インフォーマル部門が担うということであり，概念としては公助，自助，共助にあたる。福祉ミックス論でいうインフォーマル部門には，家族・家庭，非営利組織(NPO)，ボランティアのほか，近隣などの地域的なコミュニティも含んでいる。

また，図1のD，E，I，Hは各部門の混合領域である。介護保険のように，供給主体は政府部門であるが，民間委託によって実際のサービス提供主体は民間の介護事業者が担うというケースは，図のなかのDに該当する。そして，丸尾(1984)，丸尾・荘(2014)では，福祉サービスの供給には政府，市場，インフォーマル部門のミックスが必要であると主張する。

図1　福祉ミックスのベン図

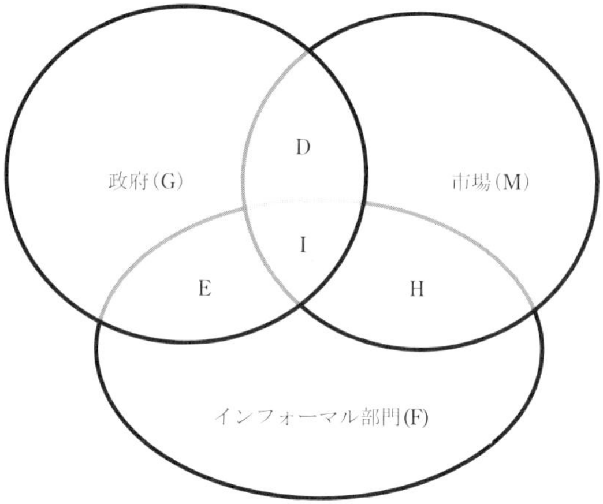

注：Dは政府と市場の混合部門，Eは政府とインフォーマル部門の混合部門，Hは市場とインフォーマル部門の混合部門，Iは政府と市場とインフォーマル部門の混合部門である。
出所：丸尾・荘(2014)

　福祉ミックス論の立場にたち，高齢者福祉サービスを例にして，インフォーマル部門のなかのボランティアと非営利組織(NPO)の役割を積極的にとりあげたのは矢口和宏(1998)である。ここでは，インフォーマル部門の利他的な効用，サービスの準公共財的な性質から，インフォーマル部門によるサービス供給は市場部門による営利企業のそれよりも多くなることを市場均衡図であらわした[5]。さらには，市場部門の営利企業によるクリームスキミングや，ヘンリー・ハンズマンが提唱する，契約の失敗といった現象をふまえれば，インフォーマル部門の役割は福祉サービス供給において，重要な役割を担えることを明らかにした[6]。

　なかでも，契約の失敗の議論は，サービス供給主体としてのインフォーマル部門の役割を積極的に評価する。それは，準公共財の品質についての情報が，需要者よりも供給者の方に偏っていれば，供給者の営利的な行動は，準公共財の取引量を経済効率上の最適水準以下に縮小させるという議論である。

　これは，供給者が需要者の情報不足を悪用し，利潤を増加させる可能性が否定できないから，需要はそうでないときと比較して過小になることを示しており，需要者の供給者に対する信頼の欠如が失敗をまねくという意味である。こ

こでの注意は，何も営利的な行動自体に責任があることを主張しているのではなく，需要者が供給者に抱く信頼が十分でないことを問題にしていることである。その結果として，需要者は準公共財に対して低い価格しか支払おうとしなくなるので，供給者の供給誘因が阻害され，準公共財の供給量は減少するのである。この現象の解決策として，ハンズマンは公共選択論が指摘する「政府の失敗」のような事象も考慮し，非営利組織の役割を重視した。

この契約の失敗は，保育サービスや学童保育にも関係すると考えられる。保育サービスや学童保育は，家族内で行われてきた行為を代替するものであるから，親を依頼人(principal)とすれば，供給者は代理人(agent)という立場になる。依頼人である親は，代理人である供給者がきちんとサービスを実行してくれるかに関心があり，代理人である供給者の行動には注意をはらう。このことは，サービスの供給に対して，供給者への信頼という要素が多分に入りやすい状況にあることを示している。

子ども施策のサービスは，ヒューマンサービスという点において，高齢者福祉サービスと共通の特徴をもっている。そのため，子ども施策を展開するうえでのインフォーマル部門の役割は大きい。

4.2　ペストフの福祉トライアングル

福祉ミックス論のインフォーマル部門には，家族・家庭，非営利組織(NPO)，ボランティアなどが含まれる。このインフォーマル部門を詳細にわけているのが，ビクトル・ペストフの福祉トライアングルである(図2)。

ペストフは，インフォーマル部門としてくくられている部分をアソシエーションとコミュニティに分離する。アソシエーションは，特定の関心や目的によって機能的に組織された主体のことであり，それは協同組合，非営利組織，ボランティアである。彼はこのアソシエーションを，第3セクター(third sector)として定義する。

さらに，国家(公共機関)，市場(民間企業)，コミュニティ（世帯・家族等）を，公式か非公式か，公的か私的か，営利か非営利かによって整理することで，これら3つの主体がトライアングルの頂点となす。国家は公式・公的・非営利の主体，市場は公式・私的・営利，コミュニティは非公式・私的・非営利としておかれ，トライアングルの真ん中に位置するのがアソシエーションである。

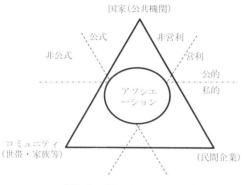

図2 ペストフの福祉トライアングル[7]

出所：Pestoff (1988)をもとにして筆者作成

以上，福祉ミックス論とペストフの福祉トライアングルをみてきたが，この2つの論に共通しているのは，福祉サービスの供給主体としては，ただ一つこれであるというものはなく，各部門の相互作用によって，供給体制，さらには福祉社会が形成されていくということである。子ども施策における福祉的な性質をかんがみれば，政府か市場かという二元論を超えた各部門による相互作用が必要なことをあらわしている。次章では，ペストフのトライアングルのひとつの頂点を占めるコミュニティをとりあげ，その子育て支援との関わりについて論じる。

5．子育て支援におけるコミュニティの役割

5.1 コミュニティ論の系譜[8]

最初に，インフォーマル部門としてのコミュニティの認識について示す。社会経済システムとして，コミュニティを含めたインフォーマル部門の認識は，古くは19世紀の社会学者であるフェルディナント・テンニースにみられた。テンニースは社会の形態をゲマインシャフトとゲゼルシャフトに分けた。ゲマインシャフトとは血縁，地縁，信条などにより自然に発生した集団であり，いかなる分離に関わらず本質的には結合している有機的な集団である。具体例としては，家族(血のゲマインシャフト)，近隣地域(場所のゲマインシャフト)，協会(精神のゲマインシャフト)をあげている。それに対してゲゼルシャフトは，人為的，作為的な選択意思にもとづいて形成された集団のことである。その代表例は，営利企業としての会社があげられる。

テンニースは近代化の方向が，ゲマインシャフトからゲゼルシャフトに向かうことを主張した。しかし，厳密にはゲマインシャフトが消えてなくなる

とは考えにくく，ゲゼルシャフトの比重が高まるにつれてゲマインシャフトとの分離と縮小が進んでいくと解釈するのが自然である。このように，テンニースにおいては，コミュニティはゲマインシャフトとしての中核を占める。

コミュニティを学術的に位置づけた先駆者はアメリカの社会学者ロバート・マッキーヴァーである。マッキーヴァーは，コミュニティは一定地域における共同生活の領域のことを指し，互いの間に共通の関心や感情がみられることがその要件であるとした。これは，特定の関心によって機能的に組織されたアソシエーションとの対比的に用いられている。

日本においても，古くは高田保馬が，血縁や地縁などの自然的なつながりである「基礎社会」と，共通の利益をもつ目的的なつながりである「派生社会」を区分している。前者は「基礎集団」，後者は「機能集団」や「目的集団」と呼んでいる。これら2つの集団は完全に分離しているのではなく，社会形成や集団形成において2つのつながり方があるということである。

以上，インフォーマル部門としてのコミュニティの認識について示してきたが，本節でとりあげた古典的なものは，現代においてなお有用な議論である。その後も，コミュニティに関する研究は蓄積されていったが，コミュニティという用語ほど多義的な意味において使われるものはない。

5.2 子育て環境としてのコミュニティ

前節で示したように，コミュニティは多義的な意味に使われる。そのため本節においては，子育て環境を論じていくうえで有用と思われるコミュニティの定義を紹介することから始める。

広井良典(2009)では，コミュニティを「人間が，それに対して何らかの帰属意識をもち，かつその構成メンバーの間に一定の連帯ないし相互扶助(支えあい)の意識が働いているような集団」と設定している[9]。

このようにコミュニティをとらえるならば，日本のコミュニティの帰属先は，戦後の高度成長を経た社会では，職場としての会社と家族の形態としての核家族がその中心であった。そして，それらの対比として，近隣を含めた地域や大家族は帰属先としては薄れていった。これは，工業化や都市化の進展とも関連しており，広井(2009)で用いている「農業型コミュニティ」から「都市型コミュニティ」に比重が高まったことと同義である。広井(2009)では，農村型コミュニティを同心円でつながる関係と理解し，共同体的な一体

意識をその内容としている。その一方，都市型コミュニティは独立した個人としてつながる関係と理解し，個人をベースとする公共意識をその内容としている。

この農村型コミュニティから都市型コミュニティへの変容が，戦後の少子化傾向に多少なりとも影響を与えたと考えられる。むろん，都市型コミュニティの中核である会社においても，育児休暇や各種の企業内福祉として，子育てと仕事の両立策はとられてきた。また，核家族においても親類からの金銭的，精神的サポートがとられてきたので，都市型コミュニティに変容したからといって，人が子育て環境から孤立してしまったわけではない。

しかし，農村型コミュニティの方が子供を産み育てる環境としては，会社や核家族が中心の都市型コミュニティよりも適していたように思われる。それは，コミュニティ論でいうところの地縁，いうなれば地域コミュニティが良好な子育て環境を形成したように思われるからだ。それは金銭的なものではなく，精神的なサポートに頼る部分が多いかもしれないが，そのことが無形な財産としての子育て環境を形成していったのではないだろうか。この地縁，あるいは場所のゲマインシャフトが，無形な財産というソーシャル・キャピタルの源泉になっていると思われる。

これらの議論に関連すると思われる意識をみたのが，以下の図3である。これは，都市部と地方での子育てのしやすさを尋ねた調査であり，都市型コミュニティと農村型コミュニティの代理変数的な指標としてとらえている。

図3で「Aに近い」は，地方の方が都市部よりも子育てをしやすいと思うという回答であり，「Bに近い」は都市部の方が地方よりも子育てをしやすいと思う回答である。これをみると，全体では64.4％（「Aに近い」と「どちらかといえばAに近い」の合計）が地方の方が子育てをしやすいと回答しており，子育て環境としては地方を支持する意見が多い。この設問を男女別にみれば，男女とも60％以上が地方を支持しているが，男女差は明確にあらわれていない。

都市規模別にみた場合は，都市部と地方の支持の違いは明確にあらわれている。大都市では，地方の方が子育てをしやすいという回答は50.1％であり，都市部の方が子育てをしやすいという回答(49.9％)とほぼ同じである。中都市では，地方の方が子育てをしやすいと回答した割合は67.3％で，小都市・郡部のそれは73.3％にものぼる。このように，都市規模が小さくなるにつれて地方を支持する割合が高まっていくのがみてとれる。つまり，地方に居住してい

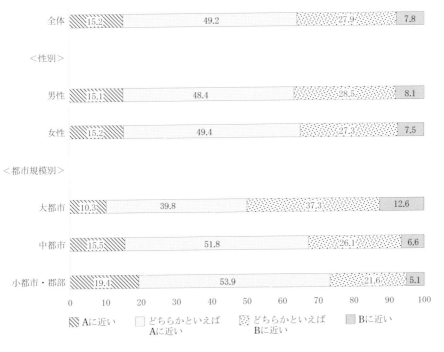

図3 都市部と地方の子育てのしやすさの評価（単位%）

注1：調査対象は全国の18～69歳の男女7,256人，調査時期は2015年1月。調査方法はインターネット調査。
注2：都市規模は，大都市（札幌市，仙台市，東京都特別区部，横浜市，川崎市，千葉市，名古屋市，京都市，大阪市，神戸市，広島市，北九州市，福岡市），中都市（人口10万人以上），小都市（人口10万人未満）
出所：第一生命経済研究所(2015)「ライフデザイン白書2015年調査」より筆者作成。

る人ほど，地方の子育て環境がすぐれているのを認めるという結果になっている。

　ただ，この意識調査の結果だけから，地方にみられる農村型コミュニティこそが子育てに適していると断言することは難しい。なぜなら，住宅費の安さや住宅の広さ，通勤時間の短さ，豊かな自然環境といった要因も地方を支持する意見には含まれていると思われるからである。実際，自然環境を含めた居住環境では，都市部よりも地方の方が魅力的であることが多く，それが地方の支持が多いことの一番の原因である可能性は高い。しかし，コミュニティを空間的にとらえるのであれば，そのような居住環境のよさもコミュニティの一部であり，コミュニティが果たす無形の役割は少なくないように思

われる。

　都市化のすすんだ現代においては，社会を農村型コミュニティに変革するということは不可能であるから，現実的には農村型コミュニティにみられるような特徴をいかに都市型コミュニティに内包していくかが問われることになる。両コミュニティは対比こそすれ，相対立するものではない。農村型コミュニティに備わる子育てに適した要因を可能な限り活用することが必要であり，潜在的な能力を活かすということである。

　抽象的ではあるが，子育て中の家族や個人への精神的サポート，地縁を活かしつつ，それらの人々を組み込むような育児ネットワークの形成が農村型コミュニティの特徴を活かすうえでは有益であろう。けっして子育て中の人を孤立させることのないような，一種の共同体的なつながりの形成が望まれるのである。次節では，農村型コミュニティの特徴を有し，出生率が高くなった地域の事例をみることにする。

5.3　岡山県奈義町の事例[10]

　奈義町は岡山県北部の山間部に位置する人口6,000人ほどの町である。この町では2014年の合計特殊出生率の速報値が2.81となった。日本で出生率が高い市町村は沖縄県と鹿児島の島しょ部に集中しており，これらの地域以外の市町村としては高い数値となった。もともと奈義町の出生率は高かったわけではない。実際過去最低の合計特殊出生率1.25を記録した2005年における奈義町の出生率は1.41であった。

　奈義町は2012年に「奈義町子育て応援宣言」を行い町独自の子育て支援策や若者定住施策を積極的に進めてきた。奈義町の子育て関連施策の主なものとしては，出産祝い金や育児支援金のほか，特徴的なものとしては，①高等学校等就学支援，②医療費の無料化，③子育て世代向けの町営住宅整備，④子育て家庭への精神的サポートがある。

　①の高等学校等就学支援は，生徒1人当たり年額9万円を在学中の3年間にわたり毎年支給する制度である。②の医療費の無料化は，18歳まで医療機関等での自己負担分を町が負担する制度であり，その他にもBCGや水痘といった予防接種法に定められた以外のロタウイルスワクチン，B型肝炎ワクチン，おたふくかぜワクチンの3種の予防接種も町で全額助成を行っている。

　③の町営住宅整備は，40歳未満の子育て世代夫婦向けに定住促進を目的に

町内の戸建て住宅を提供している。戸建て住宅の広さは78平方メートルの3LDKであり，近隣相場よりも3割程度安い月5万円の家賃で入居が可能となっている。

④は子育て支援施設である「なぎチャイルドホーム」を中心にして行われている。ホームは役場の隣という利便性の高い所にあり，平日10時から15時まで開園しており利用料は無料である。園内では子どもを自由に遊ばせることができ親同士の交流の場となっている。施設には子育てアドバイザーも常駐しており，育児の悩みを気軽の相談できるようになっている。特筆すべきは，ホームの運営は行政が一手に引き受けているのではなく町民や協力者による運営が主となっていることであり，祖父・祖母世代の人々もそこに加わっている。

以上，奈義町の事例をみてきたが，この例をそのまま全国に当てはめればよしとするものではない。奈義町は人口が6,000人弱の小さな町であることや，2002年の市町村合併の是非を問う住民投票で70％以上が反対にまわるといった地縁の厚さ，それに関わる町民の自立性の高さといった要因も多分に影響していると思われる。

しかし，奈義町では住宅整備や精神的サポートといった点にも施策を拡げていることは注目に値する。住宅整備は金銭的な負担を和らげる意味もあるが，地域コミュティへの帰属を高めるという点でも重要な役割を担っているからだ。

この奈義町の事例に対して，家族社会学や育児政策を専門とする松田茂樹中京大学教授は，育児分野に限らず幅広いメニューを地道に提供していることが奈義町の成功につながったことを指摘している[11]。子育て支援施設を通じた精神的サポートは，まさにコミュニティが担う機能であり，奈義町に限らず子ども施策を展開するうえでは，けっして無視できない機能である。

6．おわりに

本稿は子ども施策の変遷や出生の経済理論の概要を示したうえで，子ども施策に関連するサービスの供給主体についての議論を展開した。そこでは，子ども施策の保育サービスや学童保育を準公共財としてとらえ，福祉ミックス論や福祉トライアングルで主張されるように，サービスの供給主体は一意に決まるものではなく，政府，市場，インフォーマル部門のミックスが必要

であることを主張した。

　さらには，インフォーマル部門のコミュニティに着目して，その変遷と機能を示したうえで，子育て環境としての農村型コミュニティの性質を示し，それがもつ潜在的な力を都市部においても活用することが重要であることを主張した。

　今後，子ども施策についてはさらなる議論が展開され実行にうつされるが，コミュニティがもつ潜在的な力を妨げるような形で実行してはならない。むしろ，その力を活かすような施策が望まれる。なお，今後の研究の課題は，コミュニティとソーシャル・キャピタルの関係を明示したうえで，子育て環境におけるコミュニティの役割の検討を深めることである。

注
1　本節は駒村(2013)や前田(2017)の説明を参考にしている。
2　算式では，希望出生率＝[(既婚者割合×夫婦の予定子ども数)＋(未婚者割合×未婚結婚希望割合×希望子ども数)]×離別等効果であらわされる。この式に2010年出生動向基本調査等で得られる数字を代入すると，希望出生率＝[(0.34×2.07)＋(0.66×0.89×2.12)]×0.938となり，その値は約1.83となる。
3　ベッカーの代表的な書籍としてはBecker（1976)があり，出生に関する論文が収録されている。
4　清家(1992) p121による。
5　矢口(1998) p104を参照。
6　契約の失敗に関する原論文はHansman（1980)である。
7　左下の頂点を共同体と表現することもある。
8　本節は丸尾・宮垣・矢口(2016)の第2章と第3章を参考にしている。
9　広井(2009) p11による。
10　奈義町の事例は，奈義町HPやNHKスペシャル「私たちのこれから」取材班編(2016)を参考にしている。
11　NHKスペシャル「私たちのこれから」取材班編(2016) pp109-110による。

参考文献
駒村康平(2013)『福祉の総合政策・新訂5版』創成社.
清家篤(1992)「出産・育児」島田晴男・清家篤編『仕事と暮らしの経済学』:111-133.
奈義町(2017)「子育て・教育・文化」http://www.town.nagi.okayama.jp/gyousei/kosodate_kyouiku_bunka/ninshin_shussan_kosodate/kosodate/kosodate_ouensengen.html（2017/10/23)
広井良典(2009)『コミュニティを問い直す』ちくま新書.

前田正子(2017)『保育園問題』中公新書.
増田寛也編著(2014)『地方消滅』中公新書.
丸尾直美(1984)『日本型福祉社会』NHKブックス・日本放送協会.
丸尾直美(1996)「福祉機能における市場機能と福祉ミックス」『季刊社会保障研究』32 (2), pp.104-116, 1996.
丸尾直美・荘発盛(2014)「福祉社会の新しい段階へ－経済学的アプローチ－」『尚美学園大学総合政策論集』第19号, pp.1-22.
丸尾直美・宮垣元・矢口和宏編著(2016)『コミュニティの再生』中央経済社.
矢口和宏(1998)「福祉サービスにおける非営利組織とボランティアの役割」(加藤寛・丸尾直美編著・ライフデザイン研究所監修)『福祉ミックス社会への挑戦』中央経済社, pp.91-109.
NHKスペシャル「私たちのこれから」取材班編(2016)『超少子化－異次元の処方箋』ポプラ新書.
Becker.G (1976), *The Economic Approach to Human Behavior*, University of Chicago Press.
Hansmann,H (1980),"The role of nonprofit enterprise," *Yale Law Journal*, 89, pp.835-901.
Pestoff,V. (1988), *Cooperatives Markets and Politics in Sweden*, University of Stockholm.
Rose,R and Shiratori,R (1986), *Welfare State: East and West*, Oxford University Press.
Tönnies,F (1887), *Gemeinschaft und Gesellschaft*, (杉之原寿一訳(1957)『ゲマインシャフトとゲゼルシャフト(上・下)岩波文庫』).

特集：子ども施策の公共選択

フランスの保育サービスと認定保育ママ：
日本への示唆

千田　航
(釧路公立大学)

※本論文は編集委員会の依頼による執筆である。2017年10月27日受理。

1. 家族政策の充実するフランス

　本稿は，フランスの保育サービスのなかでも認定保育ママ(assistante maternelle agréée)に注目し，認定保育ママが主要な保育方法となっているフランスの実態から日本の子育て支援への示唆を引き出そうとするものである[1]。OECDの家族関連支出のデータをみると，フランスはイギリスに次いで家族政策への支出が多い国であることがわかる(図1)。フランスでは戦前からすべての就業者を対象とした普遍主義的な家族手当が実施され，古くから現金給付で家族を支えてきた。それだけではなく，1980年代後半からは保育所や認定保育ママ制度などの保育サービスの充実に向けても多様な支援を行っている。また，ハンガリーやドイツなどとともに大陸ヨーロッパ諸国の家族政策への支出の特徴として税制による支援も挙げられるが，フランスではこの中に保育所や認定保育ママを利用した際の支出に対して税制優遇を行うこと

図1　家族関連支出の対GDP比（2013年，％）

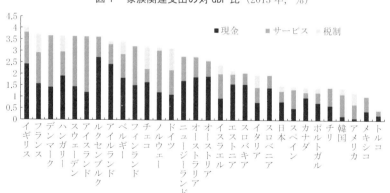

出典：OECD Social Expenditure Databaseより筆者作成。

も含まれている。

　日本の場合，保育サービスというと保育所が一般的に想定される一方で，フランスの場合は日本の家庭的保育事業にあたる認定保育ママが主要な保育方法となっている。これは1990年前後から認定保育ママへの支援を手厚く行ってきたからである。以下では，なぜ認定保育ママへの支援が手厚くなったのかについて力点を置きながら，フランスの保育サービスの現状と課題，そこから考えられる日本への示唆についてみていきたい。

2．フランスの多様な保育サービス

　認定保育ママについて詳しくみていく前に，フランスの保育サービスの全体像を捉えておきたい(図2)。フランスの保育サービスは施設サービスと在宅サービスに大別することができる。主に0歳から3歳までの子どもを保育する保育所(crèche)と3歳から6歳までの子どもを教育する保育学校(école maternelle)が施設サービスとして存在する。そのほかに，認定保育ママや在宅保育者(ベビーシッター)など，親の家や認定保育ママの家での在宅サービスが利用されている。

　まず，3歳から6歳までの子どもを対象とした教育である保育学校についてみていくと，保育学校は1970年代のうちに就学前教育の手段として整備され，1985年時点で93.3%の子どもが通い，1996年時点でほぼすべての子どもが通うようになった(表1)。保育学校は8時30分から16時30分までが教育の時間となっているため，働いている親にとっては夕方まで子どもの面倒をみてもらえるようになっている。保育学校のなかには託児所を併設して課外時間に子どもを預かる場合も多い(神尾2007：49)。無償で提供される保育学校は，2014年時

図2　フランスの主なサービス給付の体系

	0歳　～	2歳	3歳　～　就学前
施設	一時託児所(halte-garderie)		
		保育学校(école maternelle)	
	集団保育所(crèche collective) 親保育所(crèche parentale)など		児童園(jardin d'enfants)
在宅	家族保育所(crèche familiale)		
	認定保育ママ(assistante maternelle agréée)		
	無認定保育ママ，在宅保育者(nourrice)		

出典：内閣府2005：83より筆者作成。

表1　保育学校に属する2歳児と3歳児の比率（％）

	1985	1990	1994	1995	1996
2歳児	31.9	35.2	35.4	35.7	36.1
3歳児	93.3	98.0	99.5	99.7	99.9

出典：Martin et al. 1998：143, Table 5.1.

点で公立が1万5,079校であるのに対して，私立は137校にとどまっている。就学前教育は政府の役割として認識されているといってよいだろう[2]。

このほかに，3歳から6歳向けの施設サービスとして児童園がある。児童園は，保育学校に通っていない場合や短い時間しか利用していない場合に保育学校の代替手段となるものである。図2は簡略的なものであるため児童園は3歳からとなっているが，実際には保育学校同様に2歳から受け入れている。このほか，先生による教育の実施，保育学校や集合保育所の実際の時間割に沿った受け入れなどから提供されるサービスは保育学校とほとんど変わらないと考えられる。

以上のように3歳から6歳までのサービスが充実する一方で，1970年代以降は女性の労働市場への参加が進んでいくため，0歳から3歳までの子どもの保育サービスを充実させる必要が生じてきた。現在，3歳未満の子どもへの保育サービスは保育所と認定保育ママが中心になっている。クレシュ（crèche）と呼ばれる保育所はその運営主体や子どもを受け入れる規模によって区別されている。自治体などが運営する保育所は集団保育所(crèche collective)と呼ばれ，8時間から12時間の保育を行い，夜間や日祝日は休みである。表2をみるとわかるように，集団保育所が他の施設と比べても圧倒的に多い。このほかに親が運営主体となる親保育所(crèche parentale)や企業が運営主体となる企業保育所(crèche d'entreprise ou inter-entreprise)もある。

表2には企業保育所のデータは記載されていないが，集団保育所や企業保育所は最大で60人まで受け入れることが可能である。その一方で，親保育所は原則20人までしか子どもを受け入れることができない。2010年からは新たにミクロ保育所(micro-crèche)と呼ばれる最大で10人までの子どもを受け入れる保育施設が開設できるようになり，徐々にではあるが小規模な保育施設が増える傾向にある。

さて，表2の説明でこれまでに言及していないのは家族保育所(crèche familiale)と呼ばれるものである。これは他の保育所や児童園とは機能が異なっており，図1で示した保育サービスの体系でも家族保育所のみは在宅の

表2　乳幼児の受け入れ床数ごとの施設分布（2014年,%）

床数	集団保育所	家族保育所	親保育所	児童園	ミクロ保育所	施設数
1～10	2	4	2	3	100	746
11～20	37	8	91	48	0	4125
21～30	22	15	7	20	0	2445
31～50	21	28	0	17	0	2467
50～	18	45	0	13	0	2185
施設数	10481	690	149	160	488	11968

注：施設数は実数。
出典：CNAF 2016：24．

サービスとして位置づけることが可能である。なぜ在宅のサービスとして位置づけられるかというと、家族保育所は認定保育ママの保育の質を補うための施設だからである。家族保育所は認定保育ママが週に1回か2回通い、預かった子どもが家族保育所にいる幼児教育指導員から幼児教育を受ける施設である（神尾 2007：48）。家族保育所はあくまでも認定保育ママによるサービスの提供が前提であり、他の保育所とは施設の位置づけが異なるために0歳から3歳までの在宅サービスとして分類できる。なお、家族保育所は1970年代に拡大したものの、1993年以降は他の保育方法の拡大によってそれほど増えていない。

以上で説明してきたほかに、一時的に子どもを受け入れる一時託児所(halte-garderie)や認定を受けないで保育を行う無認定保育ママ、ベビーシッターに代表される在宅保育者なども保育サービスを提供している。

このように多様な種類のある保育サービスのなかでも、なぜ認定保育ママについて特に取り上げるのかといえば、認定保育ママがフランスにおいて保育所よりも主要な保育方法だからである。図3は3歳未満の子どもの主な保育方法についてアンケート調査を行った結果である。フランスではすべての子どもを対象にした家族手当や育児休業給付が充実しているため、2013年時点でも61%の子どもは親によって保育されているが、公的な保育サービスに限っていえば、認定保育ママが19%であり、保育所などの保育施設は13%にとどまっている。

認定保育ママが主要な保育方法となるのは両親ともフルタイムで働く共働き家族のほうが顕著である。図4は図3の2013年の結果と特に両親がフルタイムで働いている場合の結果とを比較したものである。両親ともにフルタイ

図3 3歳未満の子どもの主な保育方法
(平日8時から19時まで，%)

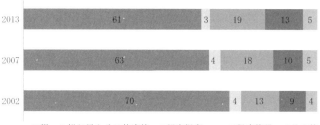

出典：Villaume and Legendre 2014より筆者作成．

図4 3歳未満の子どもの8時から19時までの保育方法（上）と特に両親ともフルタイムで働いている場合の保育方法（下）

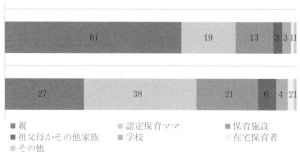

出典：CNAF 2016：31より筆者作成．

ムで働いている場合，最も利用されている保育方法は認定保育ママの38％になり，親が27％，保育所を含む保育施設が21％となっている。ここから働く親にとって認定保育ママが仕事と家庭の両立のために必要な保育サービスになっていることがわかる。

3．認定保育ママ制度

フランスでは，保育所よりも認定保育ママのほうが利用されている。それでは，認定保育ママとはどのような制度であり，どのような支援体制があるのだろうか。

認定保育ママ制度は1977年に始まったものであり，現在は最大4人までの

子どもを認定保育ママの家で保育する。本稿では，日本でも親しまれている認定保育ママという呼び方を使用するが，原語は"assistant(e) maternel(le) agréé(e)"であり，直訳すれば「認定母親アシスタント」となる。フランス語で男性形でも女性形でも表記できることからわかるように，男性でも認定保育ママになることができる。

認定保育ママになるためには研修が必要である（神尾 2007：47）。2007年以降は，120時間の研修が義務化されており，子どもの受け入れ開始前に60時間の研修を終えておく必要がある。その後2年以内に残りの60時間の研修を受けなければならない。また，5年ごとに認定の更新が必要であり，更新時には再度120時間の研修を受けることが求められる。

認定保育ママへの経済的な支援は1980年から始まっているが，認定保育ママが急増する契機となったのは1990年の認定保育ママ雇用家庭補助の導入であった（表3）。認定保育ママ雇用家庭補助は親が認定保育ママを雇用した際に支出しなければならない社会保障関係費用の相当額を支給し，親の経済的な負担を軽減した。1992年や1995年には手当額の引き上げや手当の上乗せもあった。2004年からは認定保育ママ雇用家庭補助を保育方法自由選択補足手当へと再編し，所得によって異なるものの，2016年4月時点で0歳から3歳までの子どもを対象に174.55ユーロから461.40ユーロ，3歳から6歳までの子どもを対象に87.28ユーロから230.70ユーロを支給する。

表3 認定保育ママ制度の展開

1977年	認定保育ママ制度成立	
1980年	保育ママ特別給付の創設	3歳未満の子どもの受け入れに認定保育ママを雇用した親に支給。被用者の社会保険料を負担。
1990年	認定保育ママ雇用家庭補助の創設	6歳未満の子どもに対して，保育ママの被用者の社会保険料を負担。
1991年	認定保育ママの雇用に対する税額控除導入	保育ママ雇用関連支出に対して上限付きで25％の税額控除。
1992年	認定保育ママ雇用家庭補助増額，認定保育ママ雇用家庭補助補足手当の創設	3歳未満の場合，家族手当基準算定月額の25.78％（上限額は毎月500フラン），3～6歳の場合，家族手当基準算定月額の15.47％（上限額は毎月300フラン）の増額。
	認定保育ママの認定条件を整備	60時間の研修が義務化。
1995年	認定保育ママ雇用家庭補助補足手当の引き上げ	3歳未満の場合，家族手当基準算定月額の38.48％（50％増），3～6歳の場合，家族手当基準算定月額の19.24％の増額（24％増）。
2004年	保育方法自由選択補足手当の導入	認定保育ママ雇用家庭補助を保育方法自由選択補足手当として再編。
2007年	認定保育ママの認定条件を整備	120時間の研修が義務化。

出典：Steck 2005, Haut Conseil de la population et de la famille 1992，神尾 2007，宮本2011をもとにして筆者作成。

こうした現金給付以外にも認定保育ママを支援する施策が展開されている。1991年には保育ママ雇用関連支出に対して上限付きで25％の税額控除を実施した。2017年現在，保育費用の50％が税額控除される仕組みとなっており，子どもひとりにつき2,300ユーロを上限として最大1,150ユーロの税額控除を行っている[3]。

このような手厚い経済的支援を背景に認定保育ママは急増し，2012年末までに約45万8,000人に至った（Borderies 2015：65）。認定保育ママ雇用家庭補助ができた1990年には認定保育ママの数が13万2,000人であり（CNAF 2010：9），約20年で30万人以上の認定保育ママが増加したことになる。

こうして政府による経済的支援によって認定保育ママが主たる保育方法になっていった。ただし，120時間の研修によって認定保育ママになれるため，認定保育ママの保育の質は保育所などに比べて劣ると考えてよい。そうなると，フランスではなぜ保育の質が高い保育所ではなく，認定保育ママが主たる保育方法になったのかという疑問が生じる。保育の質を優先させるのであれば保育所の整備を積極的に行うほうがよいだろう。しかし，フランスでは現金給付による経済的支援によって保育の質の確保が保育所よりも難しい認定保育ママが主たる保育方法になった。なぜだろうか。この点について次節で考えてみたい。

4．なぜ認定保育ママが主たる保育方法になったのか？

認定保育ママが主たる保育方法になった理由を考えるには，1980年代の認定保育ママ制度と地方分権についてみておく必要がある。

上述のように，認定保育ママ制度は1977年から始まる。それ以前の保育ママは働く母親の子どもを日中に保育する「子守り（gardiennes）」として存在していた。しかし，報酬に関する慣習がなく，経済的な地位も保障されないため，結果的に子どもを保育する能力を保障するものが存在しなかった（宮本 2011：298）。

それを改めるために1997年に保育ママの認定制度ができたが，この認定制度は有効には機能しなかった。認定保育ママとなった場合，正式な雇用契約を結ぶ必要がある。しかし，そうなると親は収入を税務当局へ申告し，所得税や社会保険料を支払う必要があった。したがって，契約する親としては認定されていない保育ママを雇ったほうが税金や社会保険料の経済的な負担を

回避できるという利点があった(Aballéa 2005：57-58)。政府による認定が裏目に出て，むしろ保育ママの地位は不安定になっていく。

図5に示したように，1977年時点で30万人を超えていた保育ママは1988年には10万人も減少した。特に親との契約によって他の施設サービスなどから独立して保育を行う保育ママは1988年に13万2,100人にまで減少した。ただし，認定保育ママの減少は保育ママ自体の数が減ったことを示しているわけではない。多くの認定保育ママは，認定されない保育ママとして契約しており，経済的な理由から闇に流れて公的な記録に載らなかったといえる。

認定保育ママ数の減少に対して，1980年には保育ママ特別給付(prestation spéciale assistante maternelle)を創設して経済的な支援を行うことにした。保育ママ特別給付は被用者である親の社会保険料負担の軽減を目的として創設され，3歳未満の子どもの保育に対して認定保育ママを利用した親に支給された。しかし，保育ママ特別給付は他の制度に比べても低額の支援であり，社会保険料を前払いした後に支給される手当であったために使い勝手が悪く，認定保育ママの減少を止めることができなかった。

それでも1990年には認定保育ママへの経済的な支援を再び行うようになっていく。その背景には，増大する保育ニーズを満たせない保育所の存在があった。

1981年，社会党のミッテランが大統領になった。ミッテランは大統領選の

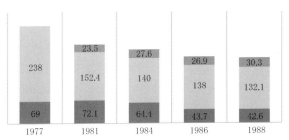

図5　認定保育ママ数の展開（単位：1000人）

注：「子どもへの社会扶助」は社会扶助制度の枠内でサービスを利用することを指す。
出典：CNAF 1989：7より筆者作成。

公約に地方分権を掲げ，就任後に推進していった。分権化される政策分野には保育サービスも含まれることになり，1982年から保育サービスの分権化を実施した。

しかし，女性の労働市場参加が増大していくなかで，分権化によって保育所が設置されないことは回避する必要がある。そこで，家族政策の窓口である全国家族手当金庫は，新たな基金を作って保育サービスに介入していく仕組みを残すことにした(Ancelin 1997：344)。

具体的な方法として，全国家族手当金庫は自治体と個別に契約を締結し，財政的な支援を行うことで自治体が保育所を整備するよう促した。しかし，全国家族手当金庫と自治体との間の契約には自治体に法的な義務がなかっただけでなく，自治体も全国家族手当金庫の財政支援を不確実性の高いものだと考えており契約締結そのものにためらいがあった(Martin et al. 1998：143-144；Ancelin 1997：362-363)。

その結果，女性の労働市場参加が進むなかで増大する保育ニーズに対して保育所の増設が追いつくことはなかった。1983年から5ヶ年計画で想定していた10万床の保育所設置目標は2万床に留まった(Martin et al. 1998：144)。全国家族手当金庫も1990年時点の保育所増床数である7,800床は需要を満たしていないとして，さらなる増設の必要性を指摘した(CNAF 1992：1)。

このように自治体を中心に整備される保育所の増設だけでは女性の労働市場参加に伴う保育ニーズを充足できないため，保育サービスの増加に向けて新たに対策を講じる必要が生じる。その対策には新たな財源が必要になるが，1980年代の財政状況をみると，医療や年金は赤字になることが多かったものの，家族政策は1983年から黒字であった(加藤 1995：377-378)。そのため，新しい政策を打ち出す財政的な抵抗は少なかったと考えることができる。

1986年には親が在宅保育者(ベビーシッター)を雇用した際に生じる経済的負担を軽減する目的で在宅保育手当が導入された。在宅保育手当は，保育所ではない在宅サービスに対する現金給付を実施することで保育に関する費用負担の軽減を行ったが，在宅保育者を雇用する親は高所得者層が多く，認定保育ママほど利用が拡大しなかった。

在宅保育手当が在宅サービスへの現金給付による経済的支援に先鞭をつけたのち，1990年に認定保育ママ雇用家庭補助を導入した。認定保育ママ雇用家庭補助は，それまでの認定保育ママへの経済的支援であった保育ママ特別

給付を改め，給付水準を引き上げるだけでなく，全国家族手当金庫が社会保険料相当額を徴収側へと直接支払うことで親による社会保険料の前払いを回避した(宮本 2011：300)。その後も，1991年には税額控除の導入，1992年と1995年には給付の増額や上乗せする手当の導入などを行うことで，認定保育ママ制度は広く利用されるようになっていった。

認定保育ママの急増は現金給付による在宅サービスへの支援が直接的な要因だといえる一方で，現金給付ではなく，認定保育ママを有効に機能させるために保育ママ仲介制度を開始することでマッチングの解消なども行った。1989年に開始された保育ママ仲介制度は，それぞれの地域にある家族手当金庫が中心となって，認定保育ママと親，認定保育ママ同士が出会う仕組みとして整備された。具体的には，需給情報の提供や親に対する行政手続き支援，認定保育ママへの研究活動などを行った(Haut Conseil de la population et de la famille 1992：118)。それまでの親と認定保育ママの関係形成は契約に基づいて個別での話し合いで行われてきたが，保育ママ仲介制度の開始によって行政手続きや認定保育ママと親とのマッチングなど様々な負担が軽減されたと考えられる。

以上でみてきたように，認定保育ママがフランスの主たる保育方法になる背景には，保育ニーズを満たせない保育所増設の動きがあったと考えられる。分権化のなかで保育所の増設は自治体が中心に行うことになり，中央レベルの全国家族手当金庫は間接的な財政支援で支えることになった。こうした保育所への関与の仕組みだけでは女性の労働市場参加に伴う保育ニーズの増大に応えられなかった。そこで全国家族手当金庫はフランス国民全体に適用される現金給付を利用して在宅サービスを直接的に支援し，保育ニーズの充足に対応した。その象徴的な例が認定保育ママ雇用家庭補助であり，認定保育ママを雇用した際の現金給付や税額控除が拡大するとともに認定保育ママが主たる保育方法になっていった。認定保育ママ制度というフランスの特徴的な保育サービスの供給方法はこのようにして形成されていった。

5．フランスの保育サービスの課題

認定保育ママ制度が主たる保育方法となることで生じる課題もいくつか明らかになっている。

第一に，認定保育ママが保育サービスの中心となることで，保育所に入り

たいという親の希望がかなえられない状況にあると指摘できる。

　近年でも保育所や認定保育ママの利用拡大に向けて取り組みは行われている。2007年からの5年間で保育所と認定保育ママのそれぞれで子どもの受け入れを6万人分増やすこと，ミクロ保育所を開設すること，認定保育ママの認定条件を整備することなどを実施する計画を作成している（Bas 2006：7-20）。また，オランド政権でも2013年からの5年間で子どもの受け入れを10万人分増やすための保育所確保への融資や，同じく10万人規模の受け入れを可能にする認定保育ママの確保，保育学校を活用した保育サービスの充実などを推進するとした[4]。

　こうした保育サービスの整備状況はあるものの，親が希望した保育方法と実際に利用した保育方法との間に乖離が生じている。図6は6ヵ月から1歳までの子どもをもつ親に対して実施されたアンケートである。このなかで，希望した保育方法よりも利用した保育方法が少なかったサービスは保育所のみである。ここに，親は保育所を利用したいのにもかかわらず，結果的には保育所を利用できず自分で育てたり，認定保育ママを利用している実態が浮かび上がってくる。2004年に乳幼児向けの給付を再編した際，その目的のひとつは保育方法の自由選択の保障であった（Hermange et al. 2003：165）。しかしながら，利用者のニーズから保育所・認定保育ママ・在宅保育を自由に選択できる環境は整っていないといえる。

　第二の課題として，認定保育ママの保育の質の確保が挙げられる。認定保育ママは120時間の研修によって認定を受けられるため，質の高い保育が提供できるのかという問題が生じる。確かに，家族保育所で幼児教育を受ける機会はあるが，それで十分なのかを測定することは難しい。

図6　2015年新学期時に希望した保育方法と利用した保育方法（％）

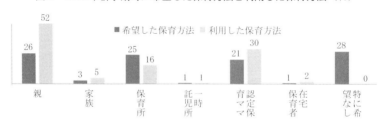

注：フランスで6ヵ月から1歳までの子どもをもつ親へのアンケート。
出典：CNAF 2015：3より筆者作成。

近年では，ヘックマンの議論にみられるように，就学前教育の重要性が指摘されており，就学前の保育や教育の質が関心を集めている（ヘックマン 2015）。そのため，認定保育ママの保育の質をいかに確保するのかが今度の課題となる。しかし，保育の質を高めれば認定保育ママの賃金が上昇し，サービスを安価に利用できない可能性も生じる。今後，利用者の利便性を考慮しながらも保育の質を高めていくことが必要になるだろう。

最後に，労働市場での認定保育ママの処遇が課題となる。認定保育ママの賃金日額は，一般的に最低賃金の2.25倍から5倍の範囲内で契約が結ばれることになっているが，子どもの受け入れ人数や保育時間によって収入が変動するため，2007年から2008年の月額賃金の中央値を取ると，他の業種と比べても相対的に低賃金であることが明らかになっている（宮本 2011：305-306）。

フランス国立統計経済研究所（INSEE）が出した2014年の業種ごと月額賃金をみると，保育サービスの職員を含む公務員・医療・社会活動業といったカテゴリーの月額賃金が1,790ユーロとなっており，宿泊業・レストラン業の1,613ユーロに次いで低い[5]。この公務員・医療・社会活動業のカテゴリーには認定保育ママ以外にも様々な職種を含むが，保育士などと比べて短期間の研修で資格を得られる認定保育ママは他の保育サービスの職員よりも月額賃金が低いと予想できる。ここから，労働市場に認定保育ママが参入したとき，認定保育ママは安価な労働力として労働市場のなかで低い地位にいることが読み取れるのである。日本でもフランスでも，保育サービスの充実以外に，保育サービス従事者の賃金の課題が生じているといえる。

6．日本への示唆

このようにフランスは保育サービスを充実させながらも未だに多くの課題を抱えており，フランスの政策をそのまま日本に取り入れればよいという話にはならない。それでも，フランスでの保育サービスの供給の仕組みをみていくと，日本への何かしらの示唆がみえてくるだろう。

日本では，2015年度から子ども・子育て支援新制度が始まり，消費税増税分のうち7,000億円を子育て支援に使うことになった。また，待機児童解消加速化プランの策定や，2017年の衆議院解散で安倍首相が示した教育・子育て予算を積み増す方針など，日本でも子育て支援への関心や予算が大きくなっている。

日本の保育サービス拡充の議論は，もっぱら保育所の増設が中心となっているようである。それは家庭的保育事業や居宅訪問型保育事業に比べて保育所や認定こども園の箇所数が圧倒的に多いことからもわかるだろう[6]。その一方で，フランスでは在宅サービスである認定保育ママ制度が中心となって保育を支えている。こうした日本とフランスの違いは，サービスの提供方法が違うだけでなく，より根本的な保育サービスへの当事者の関与の仕方でも違いがあると考えられる。

　その違いは準市場が機能する条件をみるとわかるだろう。保育サービスは，質の評価が難しく，市場のみで提供する場合には弊害も予想されるため，政府の介入のもとで公的な財源にもとづきながらも，民間の営利，非営利の多様なサービス供給主体を組み込む準市場のもとで進めていく必要がある(駒村ら 2015：272)。この準市場が機能するための条件として宮本太郎は①自己負担の抑制，②利用者のニーズ表明，③供給主体の育成を挙げる(宮本 2017：164-174)。以下では，フランスと日本について，家族・施設・政府の関係を整理したうえで，準市場が機能するための条件がいかに異なるのかをみていきたい。

　まず，フランスの家族政策に関する家族・施設・政府の関係を示すと図7のようになるだろう。フランスでは認定保育ママなど在宅サービスも含む施設側のサービスを提供するために政府から施設へ財政的な支援が行われるのに加えて，政府から家族を経由して施設へと支払われる現金給付も存在する(認定保育ママ雇用家庭補助などを前身とする保育方法自由選択補足手当)。

図7　フランスの家族政策における家族・施設・政府の関係

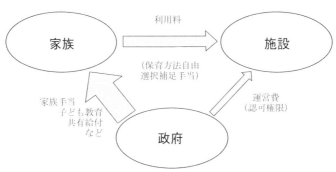

出典：筆者作成。

このほかに，政府から家族へと家族手当や育児休業給付にあたる子ども教育共有給付など多様な現金給付が用意されている。

　この図7からフランスでの準市場が機能する条件を考えると，①自己負担の抑制は，保育サービスを利用する際に政府から現金給付によって経済的に支援されることで実現できていると考えてよいだろう。現在，保育方法自由選択補足手当では認定保育ママだけでなく，保育所や在宅保育者の利用でも現金給付が支給されている。

　②利用者のニーズ表明については，認定保育ママの場合，雇用契約を締結することで親と認定保育ママの関係が形成できることが重要な点として挙げられる。それぞれの契約によって保育時間や賃金などを決定できるため，親の就労時間などのニーズを保育サービスに反映させやすくなっている。

　③供給主体の育成については，第4節で述べたような保育ママ仲介制度の存在が準市場を機能させる条件として挙げられるだろう。認定保育ママの研修など保育の質を向上させるために政府が制度を用意するだけでなく，親と認定保育ママが直接雇用契約を締結することで保育に対する責任も明確になると考えられる。

　以上のように整理すると，フランスは第4節でみた課題を抱えながらも，保育サービスを供給するための準市場が機能する条件をある程度整えているといえる。

　日本とフランスの家族・施設・政府の関係を考えた場合，大きく異なるのは家族と施設との関係であろう（図8）。家族は施設サービスに対して利用料（保育料）を支払うことになるが，基本的にはこの関係に政府が関わることはない。政府から家族へは児童手当や育児休業給付，児童扶養手当といった現金給付を支給しているが，これが保育料に反映されるのかは家族次第である。ただし，フランスの保育方法自由選択補足手当は家族の収入によって手当額が異なるため，日本のように保育料の支払いが家族の収入に応じて異なる仕組みとフランスの利用料との関係は実態として同じようなものであると考えることができる。

　日本がこうした家族・施設・政府の関係をもっているからといって，即座に日本の保育サービスが機能していないと判断するわけではないが，準市場が機能する条件を考えた場合，家族と施設との関係が弱いことで準市場によるサービスの供給が有効に機能していない可能性がある。

図8　日本の家族政策における家族・施設・政府の関係

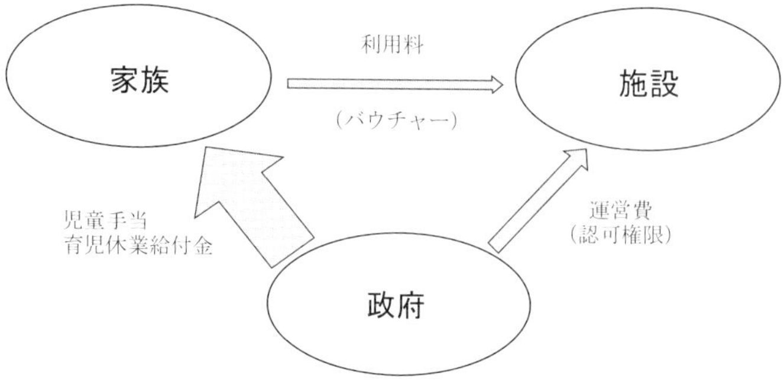

```
                    利用料
      家族  ═══════════════════▶  施設
              (バウチャー)
         ▲                        ▲
         ║                        ║
    児童手当                    運営費
  育児休業給付金                (認可権限)
         ║                        ║
              政府
```

出典：筆者作成．

　①自己負担の抑制について考えると，利用料に関して政府の現金給付による支援がないため，利用料が決まっているのは認可保育所や保育ママにとどまり，無認可保育所や在宅保育者などは自己負担を抑制する仕組みが働いていない。②利用者のニーズ表明については，利用者のニーズから施設を選択できる状況にはなく，認可保育所への入所を目指すために入所基準の点数を稼ぐことが優先される状態にある（宮本 2017：171-172）。保育所の供給量が不足し，待機児童が多く存在する状況にあって，日本では個々の保育サービスと契約を行ったうえで利用者のニーズに沿ったサービスを受ける状況にはなっていないだろう。

　③供給主体の育成については，フランスの認定保育ママ制度のように契約によって認定保育ママの条件を決めるような状況にはなく，利用者である家族が施設との関係で育成できる範囲は大きくない。政府と施設との関係では，待機児童対策のために株式会社やNPOなどの参入に力を入れており，2013年6月に規制改革会議が出した答申は，保育分野の具体的な規制改革項目の筆頭に株式会社・NPO法人の参入拡大を挙げた。しかし，保育の質に関する育成の議論はほとんどみられない。

　以上のように日本の準市場が機能する条件をみていくと，フランスに比べて家族と施設との関係が弱く，親が保育サービスを自由に選択できる幅が狭いと指摘できるだろう。日本でも，家族と施設との関係に政府が関与していくことで多様な保育サービスの選択ができるようになれば，準市場化が機能した保育サービスの提供が実現する可能性はある。保育バウチャーも含めて，

家族と施設との関係を強めていく政策が求められているのかもしれない。

ただし，ここには保育サービスに対して，質と量のどちらを優先させるのかという問題がはらんでいることを忘れてはならない。フランスの場合，認定保育ママを拡大させることで，保育サービスの質よりも量を優先させてきた。保育所の増設が保育ニーズの高まりに追いつかなかった以上，仕方のない選択だったのかもしれない。日本では保育の質も確保しつつ量的な拡大を目指すため，保育ママや在宅保育者の拡大はあまりみられない。こうしたフランスと日本の違いを認識したうえで，日本でも保育の質と量との関係を考慮しながら保育サービスの整備を進めていくことが必要だろう。

注

1　本稿は2017年3月11日に開催された東京大学発達保育実践政策学センター保育・子育て支援政策研究カンファレンスでの報告に基づいている。その際，討論者の稗田健志先生，柴田悠先生，島田圭吾先生から貴重なコメントをいただいた。記して感謝申し上げたい。

　　なお，本稿はJSPS科研費（JP16H03576，JP16K17044，JP17K03540および課題設定による先導的人文学・社会科学研究推進事業）の成果の一部である。

2　国民教育省ウェブサイトhttp://www.education.gouv.fr/cid166/l-ecole-maternelle-organisation-programme-et-fonctionnement.html（2017/9/25）。

3　フランス財務省ウェブサイトhttps://www.impots.gouv.fr/portail/particulier/deductions-liees-la-famille（2017/9/25）。

4　全国家族手当金庫ウェブサイトhttps://www.caf.fr/sites/default/files/cnaf/Documents/DCom/Presse/Communiqu%C3%A9s%202013/Cog2013_2017_integrale.pdf（2017/9/26）。

5　フランス国立統計経済研究所ウェブサイトhttps://www.insee.fr/fr/statistiques/2381338#tableau-Donnes（2017/09/26）。

6　内閣府ウェブサイトhttp://www8.cao.go.jp/shoushi/shinseido/outline/index.html（2017/09/27）。

参考文献

Aballéa, F. (2005), "La professionnalisation inachevée des assistantes maternelles," *Recherches et Prévisions*, No.80.

Ancelin, J. (1997), *L'action sociale familiale et les caisses d'allocations familiales: un siècle d'histoire,* Association pour l'étude de l'histoire de la sécurité sociale.

Bas, P. (2006), *Presentation du plan petit enfance*, Ministère délégué à la Sécurité sociale, aux Personnes âgées, aux Personnes handicapées et à la Famille.

Borderies, F. (2015), "L'offre d'accueil collectif des enfants de moins de 3 ans en 2010," *Document de travail, Série statistiques*, No.194.

CNAF (1989), "La place des assistantes maternelles dans la politique d'accueil," *LETTRE CAF*, No.6.

CNAF (1992), Les crèches en 1990.

CNAF (2010), *L'accueil du jeune enfant en 2009: Donnée statistique*.

CNAF (2015), "Baromètre du jeune enfant 2015," *l'e-ssentiel*, No.160.

CNAF (2016), *L'accueil du jeune enfant en 2015*.

Haut Conseil de la population et de la famille (1992), *Vie professionnelle, logement et vie familiale*, Documentation française.

ヘックマン，ジェームズ・J／古草秀子訳(2015)『幼児教育の経済学』東洋経済新報社．

Hermange, M. et al. (2003), "La PAJE en debat," *rapport du group de travail « Prestation d'Accueil du Jeune Enfant » pour le ministre délégué à la Famille, Tome II*, Documentation française.

神尾真知子(2007)「フランスの子育て支援─家族政策と選択の自由─」『海外社会保障研究』160:33-72.

加藤智章(1995)『医療保険と年金保険─フランス社会保障制度における自立と平等─』北海道大学図書刊行会．

駒村康平・山田篤裕・四方理人・田中聡一郎・丸山桂(2015)『社会政策─福祉と労働の経済学─』有斐閣アルマ．

Martin, C. et al. (1998), "Caring for Very Young Children and Development Elderly People in France: Towards a Commodification of Social Care?," Lewis, J. (ed.), *Gender, Social Care and Welfare State Restructuring in Europe*, Ashgate, pp.139-174.

宮本悟(2010)「フランスにおける乳幼児向け家族給付の拡充─乳幼児受入れ給付PAJEの導入─」『経済学論纂』50（1・2）:237-252.

宮本悟(2011)「フランス認定保育ママ制度の沿革と現況」『経済学論纂』51（1・2）: 297-307.

宮本太郎(2017)『共生保障』岩波新書．

内閣府(2005)『平成17年版少子化社会白書』．

Steck, P. (2005), "Les prestations familiales," Comité d'histoire de la sécurité sociale, *La Sécurité Sociale: Son Histoire à travers les Textes Tome IV-1981-2005-*,chirat, pp.137-189.

Villaume, S. et Legendre, É. (2014), "Modes de garde et d'accueil des jeunes enfants en 2013," *Études et Résultats*, No.896.

書評

寺島実郎著『シルバー・デモクラシー：戦後世代の覚悟と責任』
（岩波新書，2017年1月20日発行）

川崎一泰
（東洋大学）

※本論文は編集委員会の依頼による執筆である。2017年10月11日受理。

　日本の人口は1966年に1億人を超え，2008年1.28億人でピークアウトし，2040年代後半には1億人を割ることが予測されている。これは単に人口が1億人にもどるという単純な話ではない。1億人を超えた1966年の65歳以上人口は全人口の7％弱であったものが，2040年代には4割に迫るのだ。人口の4割を高齢者が占めることになると，有権者人口の5割，若者の投票率が低いままだと，有効投票の6割を占めることになる。こうなるとまさに「老人の，老人による，老人のための政治」になりかねないという状況だ。

　著者はこうしたシルバーデモクラシーによる現象が世界各地でみられるようになってきているとしている。英国のEU離脱の是非を問うた国民投票でも20歳代は66％がEU残留を支持していたが，年齢が高くなるにしたがって，離脱派が増える傾向があり，43歳以上ではEU離脱が過半となっていたとしている。投票の結果，EU離脱という選択がなされた。これを著者は「未来に大きな責任を担う若者がEUで生きることを期待したのに，老人たちがその道を塞ぐ選択をした」と評している。同様に米国のトランプ大統領の誕生，フィリピンのドゥテルテ大統領の行動，安倍政権が支持される背景にある種の共通項があり，ポピュリズムと深いかかわりがあるとしている。

　著者は本人も1947年生まれの団塊世代ということもあり，自身の体験(特に，学生時代の全共闘運動)などを踏まえ，既に65歳を超えた団塊世代に着眼し，その世代が育った社会情勢などを分析し，「世代」という切り口でシルバーデモクラシーの問題を捉えている。著者はこの世代が戦後日本で身に着けた価値観を「私生活主義（ミーイズム）」と「経済主義（拝金主義）」の2つに集約できるとしている(p.91)。前者はライフスタイルとして，「自分の私的な時空間に他者が干渉することを嫌う」傾向を言っている。後者は日本の戦後世代が極端に「経済主義的傾向」が強く，思想的，文化的，宗教的な多様な価値観には希薄な関心しか抱かず，経済的安定と豊かさだけを求める傾向

を言っている。こうした団塊世代の特性を踏まえ，2016年の参議院選挙もこうした観点から紐解いている。

○ 2016年参議院選挙について

基本的にはアベノミクスが評価されている背景には，日本の「中間層の貧困化」が進んでいると指摘している。中間層の所得が減少したことからこの層が行動的ではなくなり，学べなくなった。これは所得が減少する中にあって，家計消費のうち極端に減少した支出項目が「こづかい，交際費，交通費，外食費，酒類」と「仕送り，授業料，教養娯楽，書籍」となっていることから内向的になり，自ら学ぶ機会が減少してしまっているとしている。このことが「日本人の視界を狭め，内向と右傾化の土壌となっている」(p.123)と著者は考えている。

また，相対的に恵まれている高齢者層にあっても経済状態は二極化が進んでいることが指摘されている。「老後破産」が注目され，概ね金融資産が1000万円以上，年金収入200万円以上の中間層老人が「『病気，介護，事故』などで下流老人に没落する」潜在的不安を抱えていることが指摘されている。この中間層から金持ち老人の層が株式投資に最も敏感でアベノミクス的な資産インフレ誘導策を支持する傾向がある。「私生活主義」と「経済主義」からマネーゲームで景気浮揚の幻覚をもたらし，安易な財政出動により1000兆円を超える債務を次世代に回すような構造にしてしまっているとしている。

こうした背景に加え，野党が適切な代替案を出せないことから，アベノミクスが支持され，参議院選挙での与党勝利につながったと著者は分析している。

○ 2016年米国大統領選挙について

日本と同様に米国にもベビーブーマーと呼ばれる世代が存在する。著者は2016年の米国大統領選挙は「ベビーブーマー同士の不毛な選択」と評している。その背景には米国で貧困層が拡大し，特に白人の貧困率が21世紀に入ってから増加していることが挙げられている。この貧困層の支持を得るため，トランプ，クリントンともに「新自由主義からの決別」に舵を切ったと分析している。

著者は「『経済の金融化』が進む21世紀資本主義の変質と民主政治の齟齬が生じ，『格差と貧困』を増幅させている」とし，「金融工学の進化によって制

御不能とさえ思われるマネーゲームの自己増殖をいかに人間社会のあるべき仕組みにおいてコントロールできるか」が世界的「資本主義改革」と位置付けている。

　こうした資本主義改革という点では「トランプとヒラリー双方の政策が一致している」。オバマが進めてきたTPPに対しては見直しか反対であり、「証券と金融に垣根をつくるグラス・スティーガル法の復活を掲げ、『金融規制強化』に踏み込むことを主張し」、「新自由主義からの決別を語った」としている。

　こうした世界的潮流の資本主義改革を自覚できずに金融政策に過剰依存した経済政策が展開されていると批判している。この問題は日本のシルバーデモクラシーにおける真正面の課題と位置付けている。

○ シルバーデモクラシーのあるべき姿

　著者は異次元の高齢化に向き合う責任意識として，少なくとも後代へ負担を押し付けて去るようなことは避けるべきだとしている。高齢化が後代のコストと重圧にならないような高齢社会を高齢者自身が参加し，少しでも貢献できる仕組みを模索し，切り開いていかなければならないと主張している。そのモデルが農村の社会システムだとしている。そこには体力，気力に応じて，高齢者が貢献を実感できる産業基盤が身近にあるということである。農業を基盤とする農村では，一人暮らし老人の比率が低く，体力・気力に応じて，裏山の芝刈りや草むしりなど，家族の一員として生活に参加し，貢献していると手ごたえがあることが精神的に充実した歳の取り方ができると考えている。

　一方，高度成長期に都市近郊に移り住んできた世代が高齢者になり，こうした農村の基盤がない中で，農村との交流事業が必要で，こうした基盤整備が求められるとしている。

　このように著者は高齢世代の農業等を通じた社会参画で付けを将来世代に回さない責任意識を醸成すべきだと主張している。

　本書は公共選択において重要な役割を果たす民主主義が高齢化の中で長期的な不整合が生じる問題，「シルバーデモクラシー」を世代の観点から分析した良書である。ただ，啓蒙書であることから因果関係が明確でないところやなぜそう解釈できるかが不明な点もいくつかある。特に農村回帰的な結論はシルバーデモクラシーの問題解決策になるのかは不明で，やや唐突感がある。

また，世代の切り口もステレオタイプ的で全面的に賛同できるというわけではない。

ただ，「老人の，老人による，老人のための政治」で，債務が将来世代に付け回される昨今の財政政策を分析する上で重要な示唆も含まれていると評者は考える。その意味で本書を公共選択研究者に対しても，強く推薦したい。

書評

田村哲樹著『熟議民主主義の困難：
その乗り越え方の政治理論的考察』
（ナカニシヤ出版，2017年5月15日発行）

谷口尚子
（慶應義塾大学大学院システムデザイン・マネジメント研究科准教授）

※本論文は編集委員会の依頼による執筆である。2017年10月27日受理。

　間接民主制の形骸化や困難な課題（移民問題やポピュリズム等）への対応力に関する疑問から，「民主主義の危機」を指摘する研究は枚挙に暇がない。しかし裏を返せば，こうした危機は民主主義論の活況を導いているようにも見える。民主主義論を専門としなくても，「社会関係資本論」（Putnam, 1993）や「熟議民主主義論」に光明を見出した研究者は，少なくないだろう。これらの民主主義論は，理論的研究と実証的研究の双方を架橋する可能性があることも，注目の理由であったように思われる。

　本書の著者は，日本を代表する熟議民主主義理論家の一人である。著者は2008年に上梓した『熟議の理由－民主主義の政治理論－』（勁草書房）において，「熟議民主主義（deliberative democracy）」を「人々が対話や相互作用の中で見解，判断，選好を変化させていくことを重視する民主主義の考え方」と説明している。さらにその理論の源流には，例えばハーバマスのいう「不偏的合意を模索する熟議」や，アーレントのいう「闘技的・対立的発話」などがあるという。deliberative democracyが「熟議民主主義」あるいは「討議民主主義」など多様な訳され方をするのは，民主主義における「議論」が複数の意味を持つことに通じるのだろう。著者はまた，熟議民主主義を理論的に擁護しつつも，熟議民主主義が規範理論としても社会的実践や経験科学としても「中途半端なもの」と批判されたり，様々な課題を抱えていることも認識している。したがって本書は，熟議民主主義のこうした課題や困難さに理論的に向き合うものとなっている。それゆえ，二冊を連続して読むと非常に有益である。

　さて本書は，以下のような構成となっている。著者によれば，本書は「熟議を阻むもの」のタイプに応じて3つの部に分けられている。第Ⅰ部は「熟議では対応できないとされる現代社会の状況」を取り上げ，それらに対して熟議民主主義がどのように対応し得るかを探求するものである。第1章では民

族的なアイデンティティがぶつかり合うような「分断社会」において，熟議が分断を乗り越える鍵となる可能性について論じられている。第2章では現代社会の「個人化」の問題が取り上げられている。ここではポピュリズムと民意がシステマティックに収集・集約され得る「民主主義2.0」（東，2011）との比較を通じて，熟議民主主義が「個人化」社会にどのように対応できるかが論じられる。第3章は「労働中心主義社会」（労働の対価として賃金と余暇を得るような社会）が熟議民主主義を阻害する可能性と，その克服策としての社会保障，とりわけ「ベーシック・インカム」の導入が熟議民主主義を支え得ることを示す。

　第Ⅱ部は，熟議民主主義と等価な（あるいは類似した）機能を持つものを扱っている。熟議のミクロレベルでは様々なコミュニケーションが生じるが，しばしば「理性」と「情念」はどちらの影響が強いか，「情念」は理性的なコミュニケーション（対話や熟議）を阻害するのではないかと心配されてきた。著者は第4章で，理性と情念を対立的に捉えるのではなく，その連続性や補完性に着目することに加え，より重要なものとして「反省性」の確保を挙げる。そして第5章では，よりマクロな次元の「アーキテクチャ」に注目する。2017年のノーベル経済学賞を受賞した行動経済学の権威，リチャード・セイラー教授（シカゴ大学）は，人々に特定の行動を起こさせる刺激や情報（ナッジ，nudge）の機能を明らかにした。著者はこの研究に注目し，人々に熟議を促すようなナッジがあるのではないかと提起する。

　第Ⅲ部は，熟議民主主義についての我々の「思考枠組」こそが，熟議を阻害する可能性があることを考察するものである。まず第6章では，「親密圏内の人々（例えば家族）には，熟議はなじまない」という思考枠組の問題性が指摘される。次に第7章では，熟議民主主義の現実社会における実践例としての「ミニ・パブリックス」（Fishkin, 2009）が取り上げられる。市民代表が集まって政策課題を論じるミニ・パブリックスについては，経験科学的な関心から様々な実験も行われている。しかし著者は，「熟議＝ミニ・パブリックス」とする思考枠組は再考されるべきとしている。最後に第8章は，現代社会の思想的根幹の1つと見なされる「自由民主主義」を熟議の前提とする思考枠組が，熟議民主主義を制約していると指摘する。自由民主主義に依拠しない熟議もあり得ると考えることが，熟議民主主義の発展可能性を広げるとするのである。

このように本書は，熟議民主主義の問題点と克服策を検討するにとどまらず，現代において考える価値の高い現象や理論，アイデアと熟議民主主義との「うまい組み合わせ」をも提案しているように見える。例えば「アーキテクチャ」や「ナッジ」といった概念は，社会システム工学に馴染むものであるが，これらが熟議民主主義にとって良い「相棒」となるという示唆は非常に興味深い。社会システムを理論的に，あるいは実践的に考える際，多様な価値観や選好を持つ人々の間でうまくworkするシステムとは何か，という問いを避けて通ることはできない。人々の間で熟議あるいは建設的なコミュニケーションが起きるのであれば，あるべき社会システムの姿をより早く，またみんなが納得する形で見つけることができるだろう。そうしたコミュニケーションを惹起するナッジとはどのようなものか。新たな研究関心を生む問いかけである。

　また，実践されれば大きな社会的インパクトを生むであろうベーシック・インカムとの組み合わせも面白い。ただし，自由主義的なタイプのベーシック・インカム政策は，ある程度の所得を各人に保障する代わりに「小さな政府」主義的に社会保障政策を縮小するから，あまり楽観的に考えることもできないかもしれない。

　最後に，ミニ・パブリックスとの関係を柔軟に考える点も興味深い。実証主義的に見れば，熟議や議論は人々の間に相互理解・共感・協調・譲歩を生み出し，合意形成に役立つ場合もあると考えられる一方，かえって対立を悪化させたり，情動を刺激して予想外の結果を生み出したり，逆に表面的な合意形成を生み出したりすることもある，複雑な「ナッジ」である。それゆえ，ミニ・パブリックス実験の結果が期待した通りのものにならなかったり，有益な合意形成に到達するというよりは周辺的効果を提示するにとどまる，という悲観論もある。しかし，（実証主義にありがちな）熟議民主主義を狭く定義付けることが，熟議民主主義の価値を損なう可能性があるとしたら，勿体ないことである。本書にある様々な視点や提案が，新たな研究の糸口に繋がる予感は大いにある。多様な分野・方法論の研究者・実践者に推奨したい一冊である。

報告

公共選択学会第 97 回研究会

公共選択学会第97回研究会は,以下のとおり開催されました。

テーマ:「物価水準の財政理論」

企画者:小澤太郎(慶應義塾大学)

日時:2017年7月1日(土) 14:30 〜 17:30
会場:慶應義塾大学三田キャンパス
司会:小澤太郎(公共選択学会会長,慶應義塾大学)

第1報告(14:35 〜 15:55)
土居 丈朗 氏(慶應義塾大学)
「物価水準の財政理論(FTPL)の含意と妥当性」

第2報告(16:10 〜 17:30)
中里 透 氏(上智大学)
「物価水準の財政理論(FTPL)と今後の経済財政運営について」

英文要旨

Theoretical Grounding for Social Rights based on Public Choice

Yasushi Ito (Hokkaido University of Education)

Dennis Mueller insists that if four conditions — negative externality, decision-making cost, enormous burdens inflicted by laws on people, and uncertainty in the constitutional stage — are met, constitutional rights will be made. However, this theory does not apply to social rights, even if it applies to civil liberties. So, this paper considers the mechanism by which social rights are made, referring to Mueller's theory. In discussing social rights, it is necessary to examine three problems. First, what is the mechanism by which other constitutional rights are limited? Second, how will the immunity from the laws, which inflict considerable burdens on the weak, be given for them? Third, how will the majority of people be induced to enact the laws which deprive themselves of their property? The key to tackling these problems lies in the choice of people in the constitutional stage who can guess somehow the probability of being the weak in the future. Derivation of social rights could be explained by analyzing their choice.

* * * * * * * * * * * * * * *

Child Daycare Service Provision and Local Public Finance

Tetsuhiko Izumi (Kaetsu University)

Japanese "The Comprehensive Support System for Children and Child-rearing" began in 2015. The new system uses the consumption tax revenue as a financial source. For many years, kindergartens and child daycare services have been distinguished. These will be integrated into one system. This is Japanese Early Childhood Education and Care (ECEC) policy. Local governments have been committed to the waiting children of child daycare, but it is still important social issue. Japan is an aging society and a declining birthrate society. This waiting issue is specific to urban areas.

There are several proposals for solving this issue. One is to promote private provider entry. The other is to introduce market prices into service fees. Private company has already entered from 2000 as several forms. The adjustment of supply and demand of child daycare by market price is inadequate. Child daycare is not only for the support to parents, but for the development of the next generation. Now central government has promoted Work-Life-Balance policy. This aims to realize the sustainable society by whole nation labor participation. Once the waiting issue is solved, the next should be ECEC free of charge.

****

Policy Learning in the Privatization Process of Public Nursery Schools: A Case Study of Kunitachi City

Takao Akiyoshi (Chuo University)

The purpose of this research is to examine what kind of policy learning was done in the policymaking process of the privatization of public nursery schools, and how it affected policy choice. Since the 1990s, regulatory reform of public nursery schools was considered, and efforts to privatize the public nursery school were promoted. However, implementation of nursery care by diverse entities, which was initially anticipated in the privatization policy, was not realized. In Kunitachi City, Tokyo, although the privatization of public nursery schools was considered by the mayor who was aiming for administrative and fiscal reform, it was decided that only one school was to be privatized. Additionally, the management entity of the private nursery school was limited to social welfare corporations. It was the privatization policy and lessons of other local governments that influenced policy choice. In the process of learning, emphasis was placed on the quality of childcare rather than the fiscal effect of privatization. Two institutional factors influenced this learning: (1) policy venue and (2) policy legacies.

* * * * * * * * * * * * * * *

Supplier of child care services and significance of community

Kazuhiro Yaguchi (Keiai University)

This paper analyzes the supply for child policy. Child care services have characteristics of quasi-public goods. So various economic agents are necessary for supply of those services. This paper focuses on the ideas of Welfare Mix theory and Welfare Triangle theory of Pestoff. As these ideas show, supply of child care services is needed the unique strength of various economic agents. The issue of government or market is not necessary in welfare services. Especially, non-profit organization (NPO) and volunteer activities are needed to solve the contract failure which Henry Hansmann advocated. Furthermore, this paper examines the role of the community. Community is included informal sector in Welfare Mix theory. It plays an important role in terms of mental support in child-rearing environments. Especially, rural community is more suitable for child-rearing environments than urban community. This result is also clear in the consciousness survey. Even in urban areas, it is important to utilize of the characteristics of rural communities.

* * * * * * * * * * * * * * *

Child Care System and « assistante maternelle agréée » in France

Wataru Chida (Kushiro Public University of Economics)

This article explains the French childcare system, especially the mainstreaming of the childcare assistant (assistante maternelle agréée). This is the most accessible childcare service in France. In 1990, the French government implemented an economic support for the childcare assistant (aide à la famille pour l'emploi d'une assistante maternelle agréée) and then the number of childcare assistants has increased sharply. Since parents began to use the economic support, the childcare assistant became the most accessible childcare service. But its jobs involve a problem with the quality of childcare. The childcare assistant can be certified by 120 hours of training. This shortness of training will affect the quality of childcare. However, Parents choose the childcare assistant more than the nursery school. Accordingly, this article examines why they do so. From this perspective, we also explore implications for the Japanese childcare system.